第2版

初めて学ぶ
連結会計の
基礎

公認会計士
飯塚 幸子 著

税務研究会出版局

はじめに

　皆さんこんにちは！公認会計士の飯塚幸子です。

　この本を手にした方は、「連結会計は何だか難しそう」、「連結会計はよくわからない」と思っている方が多いのではないでしょうか。

　いえいえ、そんなことはありません。連結会計は全体像をしっかりと押さえて、基本的な考え方を理解すれば、そんなに難しいことではないのです。

　本書は、連結会計を初めて学ぶ方、連結会計は実務で担当はしているけれど、体系的に学習したことがない方を対象として、連結会計の必要性や全体像をまず解説し、その後、連結会計を理解する上で最低限押さえておくべき論点について、簡単な設例を交えながら解説しています。

　また、各項目の終わりに確認問題がありますので、自分の理解度を確認しながら学習を進められるようになっています。

　本書を通じて、一人でも多くの方が連結会計に対する苦手意識をなくし、連結会計の基礎知識を習得していただけることを願っています。

令和元年5月

飯塚　幸子

目　　　次

第1章　連結会計の基礎知識

1 連結会計とは　　2
(1) 会計とは……………………………………………………… 2
(2) 個別会計とは………………………………………………… 2
(3) 連結会計とは ………………………………………………… 3
(4) 連結財務諸表の目的 ………………………………………… 3
(5) 個別財務諸表と連結財務諸表 ……………………………… 6

2 連結財務諸表の必要性　　11
(1) 連結財務諸表の必要性①　～利益操作の防止～ …………………11
(2) 連結財務諸表の必要性②　～比較可能性の確保～ ………………14
(3) 連結財務諸表の必要性③　～経営実態の把握～ …………………17

3 連結の範囲　　20
(1) 連結の範囲 ……………………………………………………20
(2) 持株基準と支配力基準 ………………………………………21
(3) 支配力基準による子会社の判定 ……………………………22

4 連結財務諸表の作成の流れ　　28
(1) 個別財務諸表の作成の流れ …………………………………28
(2) 連結財務諸表の作成の流れ …………………………………29

5 連結精算表の作成　　37
(1) 連結精算表のイメージ① ……………………………………37
(2) 連結精算表のイメージ② ……………………………………39

- (3) 連結精算表の作成手順①（単純合算） ……………………… *40*
- (4) 連結精算表の作成手順② ……………………………………… *42*

6 連結消去・修正仕訳　　　　　　　　　　　　　　　　　*48*

- (1) 連結消去・修正仕訳とは ……………………………………… *48*
- (2) 投資と資本の相殺消去 ………………………………………… *49*
- (3) 当期純損益の按分 ……………………………………………… *51*
- (4) のれんの償却 …………………………………………………… *52*
- (5) 内部取引の相殺消去 …………………………………………… *53*
- (6) 貸倒引当金の調整 ……………………………………………… *53*
- (7) 未実現損益の消去 ……………………………………………… *54*
- (8) 連結手続上の税効果会計 ……………………………………… *55*

7 開始仕訳　　　　　　　　　　　　　　　　　　　　　　*57*

- (1) 開始仕訳とは …………………………………………………… *57*
- (2) 開始仕訳が必要な仕訳 ………………………………………… *58*
- (3) 投資と資本の相殺消去の開始仕訳 …………………………… *58*
- (4) 当期純損益の按分の開始仕訳 ………………………………… *63*
- (5) のれんの償却の開始仕訳 ……………………………………… *63*
- (6) 貸倒引当金の調整の開始仕訳 ………………………………… *64*
- (7) 未実現損益の消去の開始仕訳 ………………………………… *64*
- (8) 連結手続上の税効果会計の開始仕訳 ………………………… *65*

8 連結貸借対照表、連結損益計算書　　　　　　　　　　　*67*

- (1) 連結財務諸表の種類 …………………………………………… *67*
- (2) 連結貸借対照表 ………………………………………………… *67*
- (3) 連結損益計算書 ………………………………………………… *70*
- (4) 連結包括利益計算書 …………………………………………… *72*
- (5) 連結株主資本等変動計算書 …………………………………… *73*

9 基礎知識の確認問題　　　　　　　　　　　　　　　　　*78*

第2章　連結会計の各種論点

1 資本連結とは　　84
(1) 資本連結とは …………………………………………………84
(2) 資本連結の本質 ………………………………………………85
(3) 非支配株主持分とは …………………………………………87
(4) のれんとは……………………………………………………88

2 投資と資本の消去　　91
(1) 支配獲得時における資本連結の手続き……………………91
(2) 取得関連費用の取扱い ………………………………………95
(3) 段階取得の場合 ………………………………………………97

3 当期純損益の按分、配当金の振替、その他包括利益の按分、のれんの償却　　102
(1) 支配獲得後の仕訳 …………………………………………102
(2) 当期純損益の按分 …………………………………………103
(3) 配当金の振替 ………………………………………………106
(4) その他の包括利益の按分 …………………………………106
(5) のれんの償却 ………………………………………………109

4 損益取引の消去、債権債務の消去、貸倒引当金の調整　　112
(1) 内部取引の消去 ……………………………………………112
(2) 損益取引の消去 ……………………………………………113
(3) 債権債務の消去 ……………………………………………117
(4) 貸倒引当金の調整 …………………………………………119

5 未実現損益の消去　　123
(1) 未実現損益とは ……………………………………………123

Ⅵ　目　次

　　(2)　たな卸資産に含まれる未実現損益の消去 ……………………… *124*
　　(3)　たな卸資産に含まれる未実現損益の実現 ……………………… *126*
　　(4)　固定資産に含まれる未実現損益の消去 ………………………… *128*
　　(5)　たな卸資産を固定資産として購入した場合 …………………… *130*
　　(6)　減価償却による実現仕訳 ………………………………………… *131*
　　(7)　売却による実現仕訳 ……………………………………………… *134*
　　(8)　ダウンストリームとアップストリーム ………………………… *138*

6 連結手続上の税効果　　　　　　　　　　　　　　　　*145*

　　(1)　連結手続上の税効果とは ………………………………………… *145*
　　(2)　連結財務諸表固有の一時差異とは ……………………………… *146*
　　(3)　未実現損益の消去に係る税効果 ………………………………… *147*
　　(4)　貸倒引当金の調整に係る税効果 ………………………………… *151*

7 持　　分　　法　　　　　　　　　　　　　　　　　　*154*

　　(1)　持分法とは ………………………………………………………… *154*
　　(2)　連結と持分法の違い ……………………………………………… *155*
　　(3)　のれんが発生する場合 …………………………………………… *159*
　　(4)　評価・換算差額等を計上している場合 ………………………… *161*
　　(5)　未実現損益の消去額の計算 ……………………………………… *162*
　　(6)　持分法の場合の未実現損益消去仕訳 …………………………… *162*
　　(7)　持分法の場合の税効果仕訳 ……………………………………… *168*

8 在外子会社の連結　　　　　　　　　　　　　　　　　*174*

　　(1)　在外子会社の個別財務諸表の換算 ……………………………… *174*
　　(2)　在外子会社の資本連結 …………………………………………… *175*
　　(3)　在外子会社に対するのれんの処理 ……………………………… *178*

第3章　総まとめ問題

1 総まとめ問題　　　　　　　　　　　　　*184*
2 解　　　説　　　　　　　　　　　　　　*192*

第1章
連結会計の基礎知識

1 連結会計とは

(1) 会計とは

「会計」とは、一般に、個人または組織におけるお金や物の出入りを、貨幣を単位として記録・集計・管理し、その情報の利用者が必要な判断や意思決定を行うことができるように、経済的な情報を識別・測定して伝達するプロセスのことをいいます。上記の文章をもう少し理解しやすくするために、一番身近な「会計」である「家計簿」を例にとって考えてみましょう。

「家計簿」とは、一家の収入や支出を日々記録し、一定期間（例えば1か月）の収入や支出を内容別に集計する帳簿です。「家計簿」を記録することにより、毎月の収支状況を把握することができ、もっと収入を増やす必要があるのか、無駄な支出を減らす必要があるのかなどの意思決定に役立てることができます。

つまり、「家計簿」は、一家の主が、一家の収支状況を把握し、その状況に基づいて意思決定するために必要な情報を提供するという役目を担っています。

このように「会計」とは、情報利用者が何らかの意思決定を行うことができるように、お金（および物品）の出入りを継続的に記録して集計し、必要な情報を伝達するために行うプロセスのことをいいます。

(2) 個別会計とは

では「個別会計」とは、どのような「会計」でしょうか。ここでいっている「個別会計」とは、1つの会社が行う会計のことを指しています。

どんな規模であっても、会社には「会計」が必要不可欠です。

「会計」を行うことで、会社の日々の取引を記録し、収支を計算して、儲かっているのか儲かっていないのかを把握することができます。

また、税務申告をする上で、1年間の活動を集計する必要がありますし、株式会社であれば、会社に出資している株主に対して会社の活動結果を報告するために、貸借対照表や損益計算書といった財務諸表を作成する義務があります。

このように、1つの会社の活動状況を記録し、情報利用者にとって必要な情報を伝達するためのプロセスが「個別会計」です。

(3) 連結会計とは

「連結会計」は、1つの会社ではなく複数の会社で構成されている企業集団の財務諸表を作成するために行う会計のことをいいます。

例えば、トヨタ自動車という1つの会社の財務諸表を作成するプロセスが「個別会計」、トヨタ自動車の子会社も含めたトヨタグループ全体の財務諸表を作成するプロセスが「連結会計」です。グループ全体の財務諸表のことを「連結財務諸表」といいます。

(4) 連結財務諸表の目的

「連結財務諸表に関する会計基準」の第1項において、連結財務諸表の目的は次のように定義されています。

(連結財務諸表に関する会計基準第1項)

> 　連結財務諸表は、①支配従属関係にある2つ以上の企業からなる集団（企業集団）を②単一の組織体とみなして、③親会社が④当該企業集団の財政状態、経営成績及びキャッシュ・フローの状況を総合的に報告するために作成するものである。（①～④及び下線筆者加筆）

では、下線を引いた①から④について、内容を確認していきましょう。

①　支配従属関係にある2つ以上の企業からなる集団（企業集団）

【図表1－1】の〈連結会計〉を見てください。P社とA社、B社との間には"支配従属関係"があります。"支配"している会社（ここではP社）を「親会社」、"従属"している会社（ここではA社、B社）を「子会社」と呼びます。どのような場合に"支配従属関係"となるのかという具体的な考え方については**3．連結の範囲**で説明します。ここでは、支配している会社と支配されている会社（従属している会社）があった場合に、それらの会社が企業集団を構成することになるということを覚えておいてください。

【図表1-1】 個別会計と連結会計

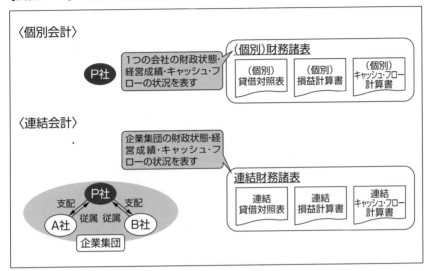

② 単一の組織体とみなして

"単一の組織体とみなして"とは、"1つの会社とみなして"という意味です。①とあわせて考えますと、「支配従属関係にある複数の会社を1つの会社とみなして」ということになります。

③ 親会社が

「連結財務諸表」の作成主体は"親会社"であることを意味しています。「連結財務諸表」は、支配従属関係にある複数の会社を1つの会社とみなして、親会社が作成するものです。よって、親会社は企業集団に含まれる会社の情報を収集して、「連結財務諸表」を作成することになります。

④ 当該企業集団の財政状態、経営成績およびキャッシュ・フローの状況を総合的に報告するため

企業集団の財政状態を報告するものが「連結貸借対照表」、経営成績を

報告するものが「連結損益計算書」、キャッシュ・フローの状況を報告するものが「連結キャッシュ・フロー計算書」です。これらを総じて「連結財務諸表」といいます。本書では、連結キャッシュ・フロー計算書以外の連結財務諸表について解説していきます。

(5) 個別財務諸表と連結財務諸表

それでは、簡単な数値例を用いて、個別財務諸表と連結財務諸表を見てみましょう。

設例1-1　連結貸借対照表と連結損益計算書

　以下の前提条件に基づいて、当期の連結貸借対照表および連結損益計算書を作成しなさい。

（前提条件）
- P社は1,000万円を出資して、S社を設立した。
- P社は当期に商品1,500万円を仕入れ、そのうち1,000万円を1,260万円で売り上げた（在庫は500万円）。
- P社の当期売上高のうち、S社に対するものは960万円であった。
- S社は当期にP社から仕入れた商品すべてを1,200万円で売り上げた。
- P社およびS社の当期の取引状況および個別財務諸表は【図表1-2】のとおりである。

【図表1－2】 当期のP社およびS社の取引と各社の個別財務諸表

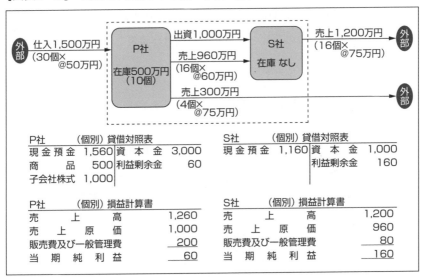

それでは、前提条件に基づいて、当期の連結財務諸表を作成してみましょう。

〈解答用紙〉

```
              連結貸借対照表
現 金 預 金  (     )  資 本 金    (     )
商   品    (     )  利益剰余金    (     )
資 産 合 計  (     )  負債純資産合計 (     )

              連結損益計算書
売 上 高                (     )
売 上 原 価              (     )
販売費及び一般管理費        280
当 期 純 利 益            (     )
```

連結財務諸表は1つの会社ではなく、支配従属関係にある複数の会社を1

つの会社とみなして作成する財務諸表です。

よって、Ｓ社はＰ社の100％子会社であり、Ｐ社の支配下にありますので、Ｐ社とＳ社を１つの会社とみなして連結財務諸表を作成する必要があります。

【図表１－３】 設例１－１における連結財務諸表

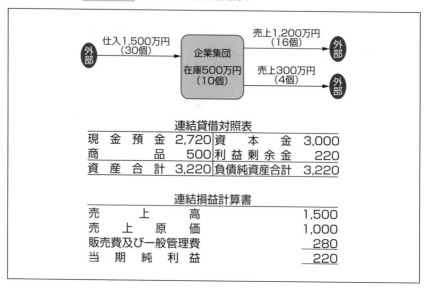

それでは、【図表１－３】で答えを確認していきましょう。まず、連結貸借対照表を見てください。Ｐ社の子会社株式1,000万円はＳ社に対する投資、Ｓ社の資本金1,000万円はＰ社からの出資となっており、Ｐ社とＳ社を１つの会社とみなした場合には、単にお金が移動しただけにすぎず、投資でもなければ資本でもありません。よって、これらの科目は連結貸借対照表には反映されません。

次に、連結損益計算書を見てみましょう。Ｐ社の売上高のうちＳ社に対するものは960万円、Ｓ社の売上原価（仕入）のうちＰ社から仕入れたものは

960万円ですので、これらは連結損益計算書には反映されません。よって、連結損益計算書の売上高は企業集団としての外部売上1,500万円（P社300万円（4個）＋S社1,200万円（16個））、売上原価は企業集団としての売上原価1,000万円（20個×@50万円）となります。

確 認 問 題

空欄に適切な語句を記入しなさい。

連結財務諸表は、□□□□□□□□□□□□□□□□□□□□を□□□□□□とみなして、□□□□が当該企業集団の財政状態、□□□□□□□□□□□□□□□□□□を総合的に報告するために作成するものである。

解 答

連結財務諸表は、支配従属関係にある2つ以上の企業からなる集団を単一の組織体とみなして、親会社が当該企業集団の財政状態、経営成績及びキャッシュ・フローの状況を総合的に報告するために作成するものである。

2 連結財務諸表の必要性

(1) 連結財務諸表の必要性①　～利益操作の防止～

　連結会計とは、連結財務諸表を作成するプロセスのことをいいます。連結財務諸表は、支配従属関係にある複数の企業からなる集団（企業集団）を単一の組織体とみなして、親会社が当該企業集団の財政状態、経営成績及びキャッシュ・フローの状況を総合的に報告するために作成するものです。では、なぜ連結財務諸表が必要となるのでしょうか。ここでは、連結財務諸表の必要性について考えていきましょう。

【図表1－4】　P社の個別財務諸表

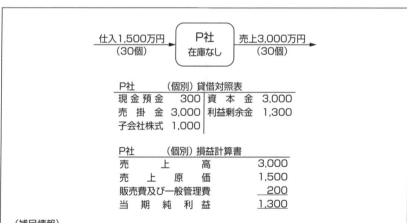

（補足情報）
・P社は当期首に設立した企業である（資本金3,000万円）。
・仕入はすべて現金取引である。
・売上はすべて掛取引であり、期末現在回収は行われていない。
・販売費及び一般管理費はすべて現金で支払っており、未払等は一切生じていない。
・子会社株式1,000万円は、P社が100％出資して設立したS社に対するものである。

まず、【図表1-4】のP社の損益計算書を見てください。当期純利益が計上されていますので、P社は儲かっている会社のように見えますね。でも、本当にそうなのでしょうか？

（補足情報）に記載があるとおり、P社にはS社という子会社が存在しています。

それでは、P社の100％子会社であるS社の個別財務諸表も加味して考えてみましょう。

【図表1-5】　S社の個別財務諸表

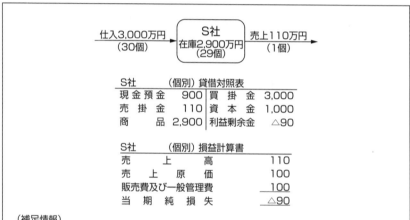

【図表1-5】のS社の個別財務諸表を見てください。S社の損益計算書を見ると、当期にP社から仕入れた商品3,000万円（30個）のうち、100万円（1個）だけを外部の第三者に110万円で売却していることが分かります。つまり、P社の売上高3,000万円はすべてS社の仕入高となっており、このうち、2,900万円はS社に在庫として残っている状況です。この状況で、本当

にP社は儲かっている会社だと言えるでしょうか。

そうですね、言えませんよね。S社はP社の子会社ですから、S社の経営活動はP社の思い通りに行うことができます。かなり極端ではありますが、この例のように、P社の仕入れた商品をすべてS社に購入させるということもできてしまうわけです。

このような取引が行われている場合、投資家にとって、P社の個別財務諸表は有用な情報とは言えません。P社の個別財務諸表を見ただけでは、投資家が判断を誤ってしまう可能性すらあります。P社の業績を正確に把握するためには、P社が支配している子会社を含めた連結財務諸表を見ないことには、本当の実力、本当の経営実態は見えてこないのです。

それでは、【図表1−4】および【図表1−5】の個別財務諸表に基づき、P社の連結財務諸表を作成してみましょう。

【図表1−6】 P社の連結財務諸表

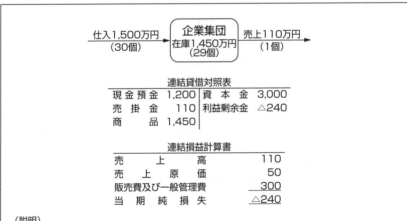

(説明)
・売上高はS社の売上高110万円(P社の売上高はS社に対するものであるため、P社とS社を1つの会社とみなした場合には売上高とはならない)
・売上原価は1個分の50万円(上記の売上高110万円に対する売上原価であるため、当期の仕入高1,500万円÷30個)
・販売費及び一般管理費は、P社とS社の合計額300万円

【図表1－6】の連結財務諸表を見ると、企業集団としての外部会社への売上高は非常に小さく、在庫が多く残っていることが分かります。また、販売費及び一般管理費が大きいため、結果として当期純損失となっていることも分かります。

この例で、P社はS社を利用して個別財務諸表上の利益を良く見せかけていましたが、連結財務諸表を作成することで、見せかけの利益は排除され、正しい企業集団としての損益だけが残るという結果になることが分かります。

このように、連結財務諸表は、親会社による子会社を利用した利益操作を防止し、企業集団としての業績を正確に反映させるという役目を担っているのです。

（2）連結財務諸表の必要性②　〜比較可能性の確保〜

それでは、別の角度から連結財務諸表の必要性を考えてみましょう。

＜数値例＞

- A社は当期に新事業を開始した。
- 新事業における当期の収益は150万円、費用は300万円であった。
- 既存事業における当期の収益は1,500万円、費用は1,000万円であった。
- 既存事業と新規事業との間での内部取引は存在しない。

① 新事業部を作った場合

この数値例を前提に、まずは、社内に新たに事業部を立ち上げて、新事業を開始した場合の個別損益計算書を考えてみましょう。

2. 連結財務諸表の必要性

【図表1-7】 新事業部を作った場合の個別損益計算書

```
      (個別)損益計算書
  収     益       1,650
  費     用       1,300
  当 期 純 利 益     350
```

　新事業を展開するにあたり、社内に新事業部を作った場合、新事業部の経営成績はA社の個別損益計算書に反映されます（【図表1-7】）。よって、A社の個別損益計算書の収益は1,650万円（既存事業1,500万円＋新事業150万円）、費用は1,300万円（既存事業1,000万円＋新事業300万円）となり、結果として当期純利益は350万円となります。

② 100％子会社を設立した場合

　それでは、まったく同じ数値例を前提に、100％子会社を設立して新事業を展開した場合には、A社の個別損益計算書はどのようになるかを考えてみましょう。

【図表1-8】 新会社を設立した場合の個別損益計算書

```
      (個別)損益計算書
  収     益       1,500
  費     用       1,000
  当 期 純 利 益     500
```

　新たに会社を設立して、そこで新事業を開始した場合には、新事業の経営成績はA社の個別損益計算書には反映されません。よって、【図表1-8】のA社の個別損益計算書では、既存事業のみしか状況を把握できないことになります。

　では、A社には当該新会社以外には子会社は存在しないものとして、こ

の場合の連結損益計算書を見てみましょう。

【図表1-9】　新会社を設立した場合の連結損益計算書

連結損益計算書	
収　　　　益	1,650
費　　　　用	1,300
当 期 純 利 益	350

　A社が100％出資して新会社を設立しましたので、新会社はA社の子会社です。よって、A社の連結損益計算書には、新事業を行っている子会社の経営成績が反映されることになります。

　今回の例で、社内に新事業部を立ち上げるか、新たに別会社を設立するかによって、個別財務諸表には違いが出てしまいますが、連結財務諸表はどちらの組織形態であっても同じ結果となることが分かります。

　このように、会社の組織形態はどうであれ実態が同じであれば同じように比較ができるようにするために（財務諸表の比較可能性を確保するために）、連結財務諸表が必要となるのです。

（3）連結財務諸表の必要性③　〜経営実態の把握〜

もう一つ、連結財務諸表が必要となる理由を考えてみましょう。

【図表1-10】　実在する会社の個別損益計算書（有価証券報告書より抜粋）

(個別)損益計算書 (単位：百万円)	
受取配当金収入	82,858
経営管理料収入	4,072
業務受託料収入	2,904
その他の営業収益	112
営業収益合計	89,946
販売費及び一般管理費	8,696
営業利益	81,250
営業外収益	2,119
営業外費用	4,253
経常利益	79,116
特別損失	2,129
税引前当期純利益	76,987
法人税等	△965
当期純利益	77,952

【図表1-10】の個別損益計算書を見てください。これは、ある上場会社の実際の財務諸表を要約したものです。この会社はどのような事業を行っている会社だと想定されますか。

答えは持株会社です。他の会社に出資することを主たる業務としているため、受取配当金収入が主たる営業収益となっています。この会社には多くの関係会社があり、実際の事業活動は各関係会社が遂行しています。

【図表1-11】 実在する会社の連結損益計算書(有価証券報告書より抜粋)

連結損益計算書	(単位：百万円)
売上高	4,679,087
売上原価	3,694,217
売上総利益	984,870
営業収入	952,733
営業総利益	1,937,603
販売費及び一般管理費	1,597,944
営業利益	339,659
営業外収益	12,846
営業外費用	13,422
経常利益	339,083
特別利益	3,333
特別損失	31,186
税金等調整前当期純利益	311,230
法人税等	123,182
少数株主損益調整前当期純利益	188,048
少数株主利益	12,356
当期純利益	175,691

　【図表1-11】は【図表1-10】の会社の連結損益計算書です。この会社には100社を超える子会社が存在しています。個別財務諸表には、持株会社としての親会社の活動状況のみしか反映されておらず、子会社の活動状況は一切把握することはできませんでしたが、連結財務諸表を見ることで、子会社を含めた企業集団としての活動状況を把握することができるようになるのです。

　近年、持株会社化する企業が増えてきています。今回の例のように、持株会社としての個別財務諸表を見ても、企業集団としてどのような事業を営んでいるのか、企業集団としての業績はどのような状況なのかはまったく把握することができません。企業集団としての経営実態を把握するためには、連結財務諸表が必要不可欠なのです。

確 認 問 題

連結財務諸表の必要性を記述した下記の文章を完成させなさい。

① 親会社の子会社を利用した [　　　　] の防止
② 組織形態が異なる会社の [　　　　] の確保
③ [　　　　] としての経営実態の把握

解　　答

① 親会社の子会社を利用した 利益操作 の防止
② 組織形態が異なる会社の 比較可能性 の確保
③ 企業集団 としての経営実態の把握

3 連結の範囲

(1) 連結の範囲

　親会社が連結財務諸表を作成する際、どのような会社を連結財務諸表に含める必要があるのかを見ていきましょう。

　連結財務諸表に含める子会社の範囲のことを「連結の範囲」といいます。原則として、親会社はすべての子会社を連結の範囲に含めなければなりません。

　連結財務諸表は、2つ以上の会社からなる企業集団の財務諸表ですから、1社でも子会社があれば、連結財務諸表の作成が必要となります。

　複数の子会社が存在する場合には、どこまでを連結財務諸表に含めるかによって、結果が変わります。業績の良い会社だけを含め、業績の悪い会社は含めないということができてしまいますと、意図的に連結上の利益をよく見せることもできてしまうわけです。

　そこで、制度上ではそのような恣意性を排除するために、支配が一時的な会社等を除き、原則としてすべての子会社を連結の範囲に含めなければならないとされています。なお、規模が小さく、連結してもしなくても結果には影響を及ぼさないような重要性が乏しい会社は、連結の範囲に含めないことができます(【図表1-12】参照)。

　子会社のうち、連結の範囲に含めた会社を「連結子会社」、連結の範囲には含めなかった会社を「非連結子会社」といいます。

【図表1−12】 連結の範囲

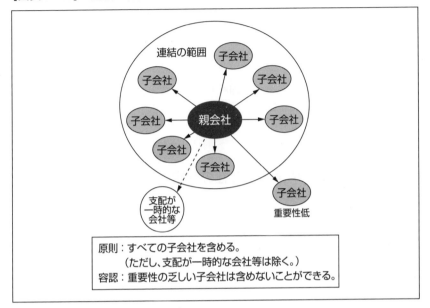

原則：すべての子会社を含める。
（ただし、支配が一時的な会社等は除く。）
容認：重要性の乏しい子会社は含めないことができる。

　連結財務諸表を作成する場合には、まず、どの会社が子会社で、そのうちどこまでを連結の範囲に含めるかを、検討する必要があります。
　では、どのような場合に子会社と判定されるのかを見ていきましょう。

（2）持株基準と支配力基準

　子会社の判定基準として、議決権の所有割合で判定する「持株基準」と、意思決定機関を支配しているか否かで判定する「支配力基準」という2つの考え方があります。
　「持株基準」の場合、実質的には支配しているにも関わらず、議決権の所有割合を操作することで、連結の範囲から外すことができてしまいます。よって、現在の基準では、「支配力基準」で子会社か否かを判定することとしてい

ます。「支配力基準」については後で詳しく説明しますが、記述が細かくて、理解しづらい部分があるかもしれません。そのような場合には、今の段階ではあまり細かいところは気にせず、「子会社か否かの判定は、議決権の所有割合だけではなく、意思決定機関を支配しているかどうかを実質的に判断して決定する」ということを、まずは理解しておいてください。

それでは、詳細を見ていきましょう。

（3）支配力基準による子会社の判定

「支配力基準」においては、支配している会社が「親会社」、支配されている（従属している）会社が「子会社」となります。

【図表1-13】　親会社と子会社

【図表1-13】では、P社が親会社、S社が子会社となります。

「支配している」という言葉は、他の会社の「意思決定機関を支配している」という意味で使っています。では、「意思決定機関を支配している」とは、どのような場合が該当するのかを見てみましょう。

① 議決権の過半数を所有している場合

議決権の過半数（50％超）を所有している場合には、意思決定機関を支配していることとなり、その会社は自社の子会社となります。

なお、議決権の過半数を直接所有していなくても、自社の子会社が議決

権の過半数を所有していれば、その会社も自社の子会社と判定されます。

【図表1−14】 議決権の過半数を所有している場合

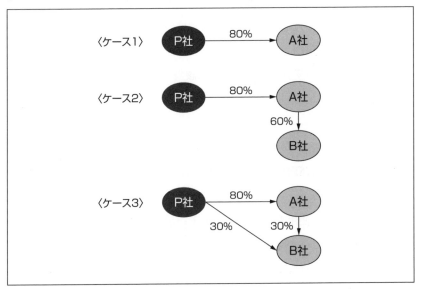

　【図表1−14】のケース1を見てください。この場合は、P社がA社の議決権の過半数（80％）を所有していますので、A社はP社の子会社と判定されます。

　次に、ケース2はどうでしょう。ケース2において、P社の子会社であるA社がB社の議決権の過半数（60％）を所有しています。このようなケースも、B社はP社の子会社と判定されます。

　それでは、ケース3はどうでしょう。ケース3では、P社とP社の子会社であるA社とで、あわせてB社の議決権の過半数（60％）を所有しています。このようなケースも、B社はP社の子会社と判定されます。

② 議決権の40％以上50％以下を所有している場合

　議決権の過半数までは所有していなくても、ある程度の高い割合で所有しており、かつ意思決定機関を支配しているような事実が一つでもある場合には、子会社と判定されます。ある程度の高い割合とは、具体的には議決権の40％以上50％以下を所有している場合となります。この場合、以下の５つのうち、いずれかの判定要件に該当すれば、その会社は子会社と判定されます。

> **判定要件**
> ①　緊密な者および同意している者が所有する議決権と合わせて過半数を占めている場合
> ②　現在の役員・使用人もしくは元役員・使用人が取締役会等の構成員の過半数を占めている場合
> ③　重要な財務・営業または事業方針の決定を支配する契約等が存在する場合
> ④　資金調達額の過半について融資（債務保証を含む。）を行っている場合
> ⑤　その他意思決定機関を支配していることが推測される事実がある場合

　【図表１−15】を見てください。Ｐ社がＳ社の議決権の40％以上50％以下を所有している場合で、上記の判定要件①〜⑤のいずれかの要件を満たしている場合には、Ｓ社はＰ社の子会社と判定されます。

【図表1−15】　議決権の40％以上50％以下を所有している場合

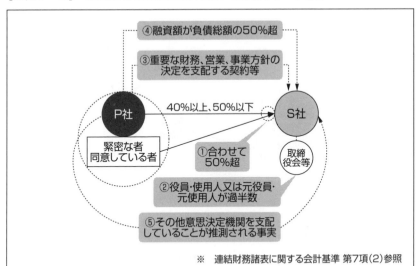

③　議決権の所有割合が40％未満の場合

　議決権の所有割合が40％未満であっても、緊密な者および同意している者が所有する議決権とあわせて過半数を占める場合で、前述の判定要件②〜⑤のいずれかの要件を満たしている場合には、子会社と判定されます。この判定基準によれば、親会社がまったく株式を所有していない会社であっても、子会社と判定される場合があるということになります。

【図表1-16】 議決権の所有割合が40％未満の場合

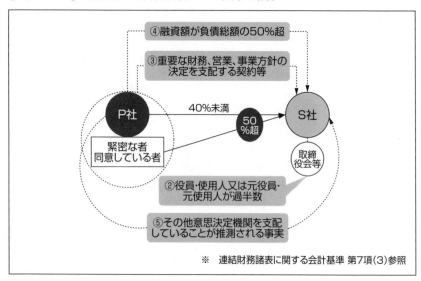

　【図表1-16】を見てください。P社の議決権所有割合は40％未満であり、P社の緊密な者および同意している者が所有している議決権とあわせて過半数となっているケースです。

　ここで、「緊密な者」とは、親会社との間で、出資・人事・資金・技術・取引などにおいて、緊密な関係があることにより、親会社の意思と同一の内容の議決権を行使すると認められる者のことをいいます。例えば、親会社が20％以上の出資を行っている関連会社などがこれにあたります。
　また、「同意している者」とは、親会社の意思と同一の内容の議決権を行使することに同意していると認められる者のことをいいます。どちらの場合も、親会社の意思と同じ意思で議決権を行使するため、これらとあわせて議決権の過半数を所有しており、かつ、判定要件のいずれかに該当すれば、実質的に意思決定機関を支配していると判断されます。

確 認 問 題

以下のケースにおいて、S社はP社の子会社か否かを判定しなさい。

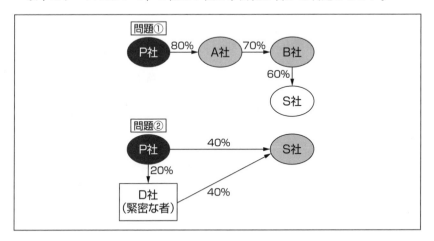

解　　　答

どちらの場合もS社はP社の子会社となる。

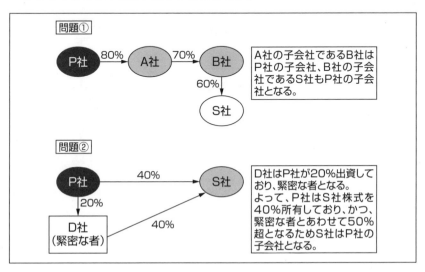

4 連結財務諸表の作成の流れ

(1) 個別財務諸表の作成の流れ

連結財務諸表の作成の流れを見る前に、個別財務諸表の作成の流れを確認しておきましょう。

各社が作成する個別財務諸表は、日々会社が行っている取引を仕訳帳に記入し、総勘定元帳に転記をし、会計期間ごとに区切って集計して作成します（【図表1−17】）。

【図表1−17】 個別財務諸表作成の流れ

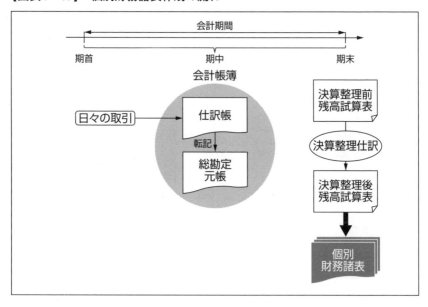

このように、個別会計においては、日々の取引を記録し、それらを積み上げた結果が個別財務諸表となります。それでは、連結財務諸表はどのように

作成するのでしょうか。

（2）連結財務諸表の作成の流れ

　連結財務諸表は、個別財務諸表のように企業集団の日々の取引を記録してそれを積み上げるのではなく、親会社および子会社が作成した個別財務諸表を合算することから始まります。

　海外に子会社がある場合には、まず、外国通貨で作成されている在外子会社の個別財務諸表を円に換算した後、合算します。

　各社の個別財務諸表を合算した後、「連結消去・修正仕訳」を行います。「連結消去・修正仕訳」は、「連結仕訳」とも呼ばれ、各社の個別財務諸表を合算した後に、連結上で不要となる項目を消去したり、連結上で必要となる調整を行ったりする仕訳のことをいいます。

　例えば、親会社と子会社との間で貸付と借入を行っていた場合、親会社の個別財務諸表には「貸付金」が計上され、子会社の個別財務諸表には「借入金」が計上されています。連結財務諸表は親会社と子会社で形成する企業集団を1つの会社とみて作成する財務諸表ですので、企業集団内部の債権債務である親会社の「貸付金」と子会社の「借入金」は連結財務諸表には計上すべきではありません。これらを消去するために必要となる仕訳が「連結消去・修正仕訳」です。「連結消去・修正仕訳」の内容は、**6．連結消去・修正仕訳**で詳しく説明します。

　それでは、連結財務諸表の作成の流れを図で確認しておきましょう（【図表1-18】）。

【図表1-18】 連結財務諸表の作成の流れ

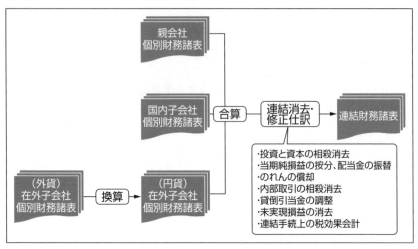

　それでは、簡単な数値例をもとに、連結財務諸表の作成の流れを確認してみましょう。

設例1-2　連結貸借対照表作成の流れ

　以下の前提条件に基づいて、①当期のP社の個別貸借対照表、②S社の個別貸借対照表および③連結貸借対照表を作成しなさい。

（前提条件）

・P社の前期貸借対照表は以下のとおりであった。

P社	（個別）貸借対照表		（単位：万円）
現金預金	3,400	買掛金	300
売掛金	400	その他負債	1,700
商品	500	資本金	3,000
その他資産	2,200	利益剰余金	1,500

・P社は当期に1,000万円を出資して、S社を設立した（S社の資本金1,000万円）。

・S社は当期に商品1,000万円を外部会社から現金で仕入れ、このうち半分を600万円で売却し現金を受け取った。
・P社、S社ともに上記以外の取引は存在していないものとする。

【図表1-19】 P社の個別貸借対照表作成の流れ

(期中の仕訳)
S社設立時

子会社株式	1,000	/	現金預金	1,000

(当期のP社個別貸借対照表)

P社　　　　　(個別)貸借対照表　　　(単位：万円)

現金預金	2,400	買掛金	300
売掛金	400	その他負債	1,700
商品	500	資本金	3,000
その他資産	2,200	利益剰余金	1,500
子会社株式	1,000		

　P社の当期の取引はS社設立しかなかったため、P社の当期の個別貸借対照表は、前期の個別貸借対照表から現金預金が1,000万円減少し、その分、子会社株式1,000万円 が計上されています(【図表1-19】)。

【図表1-20】 S社の個別貸借対照表作成の流れ

(期中の仕訳)
S社設立時

現金預金	1,000	/	資本金	1,000

商品仕入時

商品	1,000	/	現金預金	1,000

商品売上時

現金預金	600	/	売上	600
売上原価	500	/	商品	500

(当期のS社個別貸借対照表)

S社	(個別)貸借対照表		(単位：万円)
現金預金	600	資本金	1,000
商　　品	500	利益剰余金	100

　S社は当期にP社によって設立され、出資額の全額を資本金としています。その後、当期に商品を購入し、そのうち半分を売却し、残り半分が期末現在在庫として残っているということですので、S社の当期の個別貸借対照表は【図表1-20】のようになります。結果として当期純利益は100となり、その分、貸借対照表の利益剰余金が増加しています。

　それでは、当期の連結貸借対照表を作成してみましょう。連結財務諸表の作成は、P社とS社がそれぞれ作成した個別財務諸表を合算することから始めます。

【図表1-21】　合算個別貸借対照表

P社+S社	(個別)貸借対照表		(単位：万円)
現金預金	2,400	買掛金	300
売掛金	400	その他負債	1,700
商　　品	500	資本金	3,000
その他資産	2,200	利益剰余金	1,500
子会社株式	1,000		
現金預金	600	資本金	1,000
商　　品	500	利益剰余金	100

　【図表1-21】はP社とS社の個別貸借対照表を単純に合算しただけのものです。この、合算しただけの個別貸借対照表においては、P社の個別貸借対照表で計上されている子会社株式1,000万円と、S社の個別貸借対照表で計上されている資本金1,000万円が、そのまま残っています。

　P社とS社を1つの会社とみなした場合、P社の投資(子会社株式)とS

社の資本（資本金）は外部者との取引ではなく、単に企業集団内部で行われた取引であるため、連結上は消去する必要があります。これらを消去するための仕訳が、「連結消去・修正仕訳」です。各社の個別財務諸表を合算した後、不要な項目（この数値例では「子会社株式1,000」と「資本金1,000」）を消去するために、次の「連結消去・修正仕訳」を行います。

【図表1-22】 連結消去・修正仕訳

資本金	1,000	/	子会社株式	1,000

　この連結消去・修正仕訳を行った結果、連結貸借対照表が作成されます。今回の数値例では、親会社と子会社の取引は出資のみでしたが、実務上は、売上と仕入や、売掛金と買掛金、貸付金と借入金など、様々な取引、債権債務が存在することが考えられます。連結消去・修正仕訳を行うことで、これらの企業集団内部で行われた取引は連結上は消去され、あるべき連結財務諸表が作成されることになります。具体的にどのような連結消去・修正仕訳が必要となるのかについては、**6．連結消去・修正仕訳**で詳しく解説していきます。

　それでは今回の簡単な数値例における連結貸借対照表を見てみましょう。

【図表1-23】 連結貸借対照表

P社　　　　　　　連結貸借対照表　　（単位：万円）

現金預金	2,400	買掛金	300
売掛金	400	その他負債	1,700
商品	500	資本金	3,000
その他資産	2,200	利益剰余金	1,500
現金預金	600		
商品	500	利益剰余金	100

　連結貸借対照表は、企業集団の財務諸表として親会社が作成するものでし

たね。では、【図表1-19】のP社の貸借対照表と、【図表1-23】のP社の連結貸借対照表を見比べてみてください。どこがどう違うでしょうか。

【図表1-19】のP社の個別財務諸表において、S社に対する投資は「子会社株式」として計上されていましたが、【図表1-23】のP社の連結貸借対照表においては、「現金預金」と「商品」という具体的な運用形態に置き換わっていることが分かります。また、子会社が当期に計上した利益（利益剰余金）が連結財務諸表に加算されていることも分かりますね。つまり、連結財務諸表は、親会社の個別財務諸表に計上されている投資勘定を、子会社での具体的な運用形態に置き換えることで、企業集団としての実態を示すことができるのです。

今回は「子会社株式」が「現金預金」と「商品」に置き換わっただけの簡単なケースでしたが、実務上では子会社には資産も負債も存在します。連結財務諸表を作成することで、親会社で計上していた投資勘定が、子会社側での資産・負債に置き換わり、具体的にどう運用され、どれだけ成果が上がったのかが明らかになるのです。

ここで確認した連結財務諸表の作成は、連結精算表で行います。先ほどの数値例に基づいて作成した連結精算表は以下のとおりです。

【図表1-24】 連結精算表イメージ

勘定科目	P社	S社	合算	連結消去・修正仕訳	連結貸借対照表
現金預金	2,400	600	3,000		3,000
売掛金	400		400		400
商品	500	500	1,000		1,000
その他資産	2,200		2,200		2,200
子会社株式	1,000		1,000	(1,000)	-
資産合計	6,500	1,100	7,600	(1,000)	6,600
買掛金	(300)		(300)		(300)
その他負債	(1,700)		(1,700)		(1,700)
資本金	(3,000)	(1,000)	(4,000)	1,000	(3,000)
利益剰余金	(1,500)	(100)	(1,600)		(1,600)
負債純資産合計	(6,500)	(1,100)	(7,600)	1,000	(6,600)

※ 貸方金額はカッコを付けて示している。

確 認 問 題

連結財務諸表の作成の流れを記述した文章の空欄に適切な語句を記入しなさい。

> 連結財務諸表の作成は、親会社と子会社がそれぞれ作成した個別財務諸表を｜　｜することから始まります。在外子会社が存在する場合には、在外子会社の外貨建ての個別財務諸表を｜　　　｜してから｜　｜します。その後、｜　　　　　　｜を行って、連結財務諸表を作成します。｜　　　　　　｜は、連結財務諸表を作成する上で、｜　　　｜を消去したり、｜　　　｜を行ったりするための仕訳です。

解　　　答

> 連結財務諸表の作成は、親会社と子会社がそれぞれ作成した個別財務諸表を｜合算｜することから始まります。在外子会社が存在する場合には、在外子会社の外貨建ての個別財務諸表を｜円に換算｜してから｜合算｜します。その後、｜連結消去・修正仕訳｜を行って、連結財務諸表を作成します。｜連結消去・修正仕訳｜は、連結財務諸表を作成する上で、｜不要な科目｜を消去したり、｜必要な調整｜を行ったりするための仕訳です。

5 連結精算表の作成

　連結財務諸表の作成は、個別財務諸表の作成とは異なり、日々の取引を仕訳帳に記入し、総勘定元帳に転記するという手続きは行いません。通常、**連結精算表**と呼ばれるワークシートを利用して、各会社の個別財務諸表を合算し、連結消去・修正仕訳を行って連結財務諸表を作成します。
　それでは、**連結精算表**の作成手順について具体的に確認していきましょう。

(1) 連結精算表のイメージ①

　連結精算表は、各社の個別財務諸表を合算し、必要となる連結消去・修正仕訳を行い、連結財務諸表の元となる数値を作成する一連の流れを一覧表にしたものです(【図表1-25】)。

【図表1-25】　連結精算表イメージ①

勘定科目	P社	S社	合算	連結消去・修正仕訳	連結財務諸表
現金預金	2,400	600	3,000		3,000
売掛金	400	−	400		400
商品	500	500	1,000		1,000
その他資産	2,200	−	2,200		2,200
子会社株式	1,000	−	1,000	(1,000)	−
資産合計	6,500	1,100	7,600	(1,000)	6,600
買掛金	(300)	−	(300)		(300)
その他負債	(1,700)	−	(1,700)		(1,700)
資本金	(3,000)	(1,000)	(4,000)	1,000	(3,000)
利益剰余金	(1,500)	(100)	(1,600)		(1,600)
負債純資産合計	(6,500)	(1,100)	(7,600)	1,000	(6,600)

※　貸方金額はカッコを付けて示している。

連結精算表は、会社内部で作成する資料なので、決まった形式のものはありません。ここでは、一般的に利用されている形式とその作成手順について説明していきます。

通常、連結精算表の各列は、【図表1-25】のように借方と貸方に分かれておらず、1列で表示されます。また、【図表1-25】の連結精算表は、「貸方はカッコを付けて示す」というルールを取っているため、カッコが付いている金額は貸方、付いていない金額は借方となり、タテの合計はゼロとなります。貸方金額をカッコで示さない連結精算表は、【図表1-26】のようになります。

もちろん、これはただのルールですので、会社内で分かりやすい方法であればどちらのルールを採用しても構いません。

【図表1-26】　借方、貸方の表現方法
〈貸方金額をカッコで示さない場合〉

勘定科目	P社	S社	合算	連結消去・修正仕訳	連結財務諸表
現金預金	2,400	600	3,000		3,000
売掛金	400	-	400		400
商品	500	500	1,000		1,000
その他資産	2,200	-	2,200		2,200
子会社株式	1,000	-	1,000	△1,000	-
資産合計	6,500	1,100	7,600	△1,000	6,600
買掛金	300	-	300		300
その他負債	1,700	-	1,700		1,700
資本金	3,000	1,000	4,000	△1,000	3,000
利益剰余金	1,500	100	1,600		1,600
負債純資産合計	6,500	1,100	7,600	△1,000	6,600

〈連結仕訳欄を借方と貸方に分けた場合〉

勘定科目	P社	S社	単純合算	連結消去・修正仕訳		連結財務諸表
				借方	貸方	
現金預金	2,400	600	3,000			3,000
売掛金	400	—	400			400
商品	500	500	1,000			1,000
その他資産	2,200	—	2,200			2,200
子会社株式	1,000	—	1,000		1,000	—
資産合計	6,500	1,100	7,600		1,000	6,600
買掛金	300	—	300			300
その他負債	1,700	—	1,700			1,700
資本金	3,000	1,000	4,000	1,000		3,000
利益剰余金	1,500	100	1,600			1,600
負債純資産合計	6,500	1,100	7,600	1,000		6,600

(2) 連結精算表のイメージ②

【図表1-25】や【図表1-26】の連結精算表は、連結消去・修正仕訳がまとまって表示されている形式となっています。

この形式の場合、どのような連結消去・修正仕訳が行われたのか、また、どのような連結消去・修正仕訳によって各勘定科目の金額が単純合算金額から変動したのかなどを、一目で確認することができません。よって、実務上では、連結消去・修正仕訳を内容別に分解して表示した形式の連結精算表がよく利用されています（後掲【図表1-27】参照）。

この形式では、連結消去・修正仕訳欄が内容別に分かれているため、連結財務諸表の作成の流れを一覧することができるというメリットがあります。

それでは、この【図表1-27】の形式の連結精算表を用いて、作成手順を確認していきましょう。

(3) 連結精算表の作成手順①（単純合算）

設例1-3 連結精算表の作成①

以下の前提条件に基づいて、当期の連結精算表（単純合算まで）を作成しなさい。

（前提条件）
- P社は前期末に10,000を出資して子会社S社を設立した（S社資本金10,000）。
- P社およびS社の当期の個別財務諸表は【図表1-27】に記入してある通りである。

【図表1-27】の連結精算表を見てください。この連結精算表は、貸方金額にはカッコを付けて表示するというルールになっています。まずはこの記入ルールに従って、各社の個別財務諸表の金額を記入します。在外子会社がある場合には、円換算後の金額を記入します。また、子会社が複数ある場合には、子会社の数だけ列を増やすか、別のシートで子会社の合算を行い、合算後の結果をこの連結精算表に記入します。

【図表1-27】 連結精算表イメージ②

勘定科目	個別財務諸表		単純合算	連結消去・修正仕訳				連結財務諸表
	P社	S社		投資と資本の相殺消去	債権債務の相殺消去	損益取引の相殺消去	配当金の相殺消去	
(貸借対照表)								
現金預金	110,000	68,000						
売掛金	100,000	13,000						
長期貸付金	50,000	－						
子会社株式	10,000	－						
資産合計	270,000	81,000						
買掛金	(90,000)	(20,000)						
長期借入金	－	(50,000)						
資本金	(100,000)	(10,000)						
利益剰余金	(80,000)	(1,000)						
負債純資産合計	(270,000)	(81,000)						
(損益計算書)								
売上高	(282,000)	(80,000)						
売上原価	161,000	45,500						
販売費及び一般管理費	81,500	32,000						
受取利息	(500)	－						
受取配当金	(1,000)	－						
支払利息	－	500						
当期純利益	(41,000)	(2,000)						
(株主資本等変動計算書)								
利益剰余金期首残高	(39,000)	－						
当期純利益	(41,000)	(2,000)						
支払配当金		1,000						
利益剰余金期末残高	(80,000)	(1,000)						

※ 貸方金額はカッコを付けて示している。

各社の個別財務諸表の金額を記入した後、基本的な確認事項として、必ず以下の3点を確認してください。これは連結精算表に限らず、財務諸表に関する整合性確認のためのチェック項目です。

> **整合性確認のためのチェック項目**
> ① 貸借対照表の資産合計と負債純資産合計は一致しているか。
> ② 損益計算書の当期純利益と株主資本等変動計算書（利益剰余金）の当期純利益は一致しているか。
> ③ 株主資本等変動計算書（利益剰余金）の利益剰余金期末残高と貸借対照表の利益剰余金は一致しているか。

整合性確認後、各社の金額を合算し、「単純合算」列に記入します。

（4）連結精算表の作成手順②

設例1-4 連結精算表の作成②

設例1-3の前提条件に以下の追加条件を加味して【図表1-27】の連結消去・修正仕訳欄を記入しなさい。
（追加条件）
・当期末のP社S社間の債権債務残高は以下のとおりであった。
　（P社）長期貸付金50,000
　（S社）長期借入金50,000
・当期中のP社S社間の損益取引は以下のとおりであった。
　（P社）受取利息500
　（S社）支払利息500

> ・当期にS社はP社に対して配当金1,000を支払っている。

当期の連結消去・修正仕訳は以下のとおりです。

```
投資と資本の相殺消去
　資本金　　　　　　10,000　／　子会社株式　　　　10,000
債権債務の相殺消去
　長期借入金　　　　50,000　／　長期貸付金　　　　50,000
損益取引の相殺消去
　受取利息　　　　　　 500　／　支払利息　　　　　　 500
配当金の相殺消去
　受取配当金　　　　 1,000　／　支払配当金　　　　 1,000
```

連結消去・修正仕訳の詳しい説明は**6．連結消去・修正仕訳**で行いますので、ここでは連結消去・修正仕訳を連結精算表に記入する手順だけを確認していきましょう。

連結精算表の記入手順
① 連結消去・修正仕訳の内容に従って、借方貸方をそれぞれ連結精算表の該当列に記入する。
② 損益計算書項目に記入した場合には、損益項目が変動することで当期純利益も影響を受けるため、当期純利益に合計金額を記入する。
③ 当期純利益が変動した場合には、株主資本等変動計算書（利益剰余金）の当期純利益にも同額を記入する。
④ 上記③により、株主資本等変動計算書（利益剰余金）の利益剰余金期末残高も影響を受けるので、利益剰余金期末残高に合計金額を記入する。

⑤ 貸借対照表の利益剰余金に、上記④の利益剰余金期末残高を記入する。

⑥ 貸借対照表の資産合計、負債純資産合計を記入する（一致していることを確認する）。

設例1-3において、「投資と資本の相殺消去」、「債権債務の相殺消去」は貸借対照表項目どうしの相殺消去、「損益取引の相殺消去」は損益計算書項目どうしの相殺消去ですので、いずれの仕訳も当期純利益に影響はありません。

「配当金の相殺消去」は損益計算書項目と配当金の相殺消去ですので、当期純利益に影響があります。よって、ここでは配当金の相殺消去を例にあげて記入手順を具体的に確認していきましょう。

【図表1-28】 配当金の相殺消去の記入手順

勘定科目	配当金の相殺消去	
（貸借対照表）		
資産合計	0	※6
利益剰余金	0	※5
負債純資産合計	0	※6
（損益計算書）		
受取配当金	1,000	※1
当期純利益	1,000	※2
（株主資本等変動計算書）		
当期純利益	1,000	※3
支払配当金	(1,000)	※1
利益剰余金期末残高	0	※4

【図表1-28】は、【図表1-27】に示した連結精算表の「配当金の相殺消去」列を抜粋したものとなっています。前述の記入手順に従って、連結精算

表の記入手順を確認していきましょう。

> ※1　各仕訳金額の記入
> 　　まず、連結消去・修正仕訳に基づき、借方「受取配当金」と貸方「支払配当金」を、それぞれの行に記入します。
> ※2　当期純利益の記入
> 　　「受取配当金」（損益項目）に記入したので、損益計算書の「当期純利益」に合計金額を記入します。
> ※3　利益剰余金の増減としての当期純利益の記入
> 　　※2の「当期純利益」と同額を、株主資本等変動計算書の「当期純利益」に記入します。
> ※4　利益剰余金期末残高の記入
> 　　株主資本等変動計算書の「利益剰余金期末残高」に合計金額を記入します。
> ※5　貸借対照表の利益剰余金の記入
> 　　※4で記入した金額と同額を、貸借対照表の「利益剰余金」に記入します。
> ※6　貸借対照表の借方貸方合計の記入と一致確認
> 　　貸借対照表の資産合計と負債純資産合計を計算し、一致していることを確認します。

　以上が連結精算表の記入手順となります。※6の手順で、金額が一致していない場合には、どこかの金額の記入に誤りがありますので再度確認してください。設例1-4では、財務諸表間にまたがるような仕訳があまりなかったため、※1～※6のうちゼロとなる箇所が多いです。ただ、損益計算書と株主資本等変動計算書の利益剰余金は「当期純利益（親会社株主に帰属する当

期純利益)」でつながり、株主資本等変動計算書の利益剰余金と貸借対照表は「利益剰余金」でつながっているということだけは、手順としてしっかりと確認しておいてください。

確 認 問 題

設例1-3及び設例1-4に基づいて、【図表1-27】の連結精算表を完成させなさい。

解 答

連結精算表イメージ②の完成

勘定科目	個別財務諸表 P社	個別財務諸表 S社	単純合算	連結消去・修正仕訳 投資と資本の相殺消去	連結消去・修正仕訳 債権債務の相殺消去	連結消去・修正仕訳 損益取引の相殺消去	連結消去・修正仕訳 配当金の相殺消去	連結財務諸表
(貸借対照表)								
現金預金	110,000	68,000	178,000					178,000
売掛金	100,000	13,000	113,000					113,000
長期貸付金	50,000	−	50,000		(50,000)			−
子会社株式	10,000	−	10,000	(10,000)				−
資産合計	270,000	81,000	351,000	(10,000)	(50,000)			291,000
買掛金	(90,000)	(20,000)	(110,000)					(110,000)
長期借入金	−	(50,000)	(50,000)		50,000			−
資本金	(100,000)	(10,000)	(110,000)	10,000				(100,000)
利益剰余金	(80,000)	(1,000)	(81,000)					(81,000)
負債純資産合計	(270,000)	(81,000)	(351,000)	10,000	50,000			(291,000)
(損益計算書)								
売上高	(282,000)	(80,000)	(362,000)					(362,000)
売上原価	161,000	45,500	206,500					206,500
販売費及び一般管理費	81,500	32,000	113,500					113,500
受取利息	(500)	−	(500)			500		−
受取配当金	(1,000)	−	(1,000)				1,000	−
支払利息	−	500	500			(500)		−
当期純利益	(41,000)	(2,000)	(43,000)			0	1,000	(42,000)
(株主資本等変動計算書)								
利益剰余金期首残高	(39,000)	−	(39,000)					(39,000)
当期純利益	(41,000)	(2,000)	(43,000)				1,000	(42,000)
支払配当金		1,000	1,000				(1,000)	−
利益剰余金期末残高	(80,000)	(1,000)	(81,000)				0	(81,000)

※ 貸方金額はカッコを付けて示している。

6 連結消去・修正仕訳

(1) 連結消去・修正仕訳とは

「連結消去・修正仕訳」とは、連結財務諸表を作成する上で、必要となる調整仕訳のことをいいます。「連結調整仕訳」、「連結消去仕訳」、「連結仕訳」など、様々な呼び方がありますが、ここでは、「連結消去・修正仕訳」と呼ぶことにします。「連結消去・修正仕訳」の主な種類は以下のとおりです。

連結消去・修正仕訳の主な種類
① 投資と資本の相殺消去
② 当期純損益の按分
③ のれんの償却
④ 内部取引の相殺消去
⑤ 貸倒引当金の調整
⑥ 未実現損益の消去
⑦ 連結手続上の税効果会計

※ 拙著「図解&設例 連結会計の基本と実務が分かる本」(中央経済社) より抜粋
※ 配当金の振替は省略

　これらの仕訳の詳細な内容については、第2章において説明します。ここでは、①連結消去・修正仕訳の主な内容としてはどのようなものがあるか、②それぞれの仕訳はどういう"形"(借方、貸方)の仕訳か、の2点だけを確認してください。それでは、順番に見ていきましょう。

（2）投資と資本の相殺消去

「投資と資本の相殺消去」は、親会社の投資勘定と、それに対応する子会社の資本勘定を相殺消去するための仕訳です。

【図表1-29】 投資と資本の相殺消去①

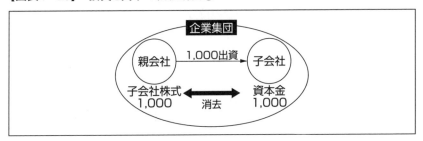

【図表1-29】は、親会社が100％子会社を設立し、親会社側では「子会社株式」を計上し、子会社側では全額「資本金」としているケースです。この場合の投資と資本の相殺消去仕訳は以下のようになります。

（投資と資本の相殺消去）

資本金	1,000	/	子会社株式	1,000

【図表1-30】 投資と資本の相殺消去②

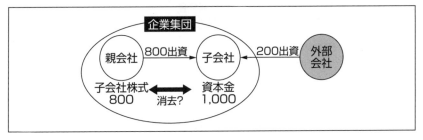

【図表1-30】は、100％子会社ではなく親会社以外の外部会社が一部（20％）出資しているというケースです。この場合、親会社の投資勘定と相殺消去する子会社の資本勘定は、親会社の所有割合（80％）に対応する金額のみとなります（この例では資本金800）。親会社の投資勘定と相殺消去されなかった金額は、「非支配株主持分」へ振り替えます。「非支配株主持分」は、子会社の資本勘定のうち親会社の持分以外の部分であり、連結貸借対照表の純資産の部に計上されます。

（投資と資本の相殺消去）

資本金	1,000	/	子会社株式	800
			非支配株主持分	200

次に、設立ではなく株式を購入して子会社としたケースについて見てみましょう。

【図表1-31】 投資と資本の相殺消去③

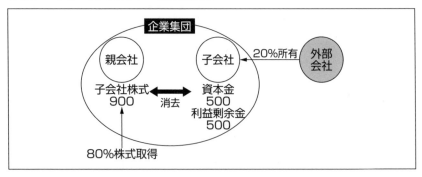

この場合、親会社の投資勘定と相殺消去される子会社の資本勘定は、資本金だけでなく支配獲得時の利益剰余金も含みます。また、設立したわけではないので、親会社の投資勘定とそれに対応する子会社の資本勘定の金額は一致せず、差額が生じます。この時生じた差額は、「のれん」（貸方差額の場合は

「負ののれん」）として処理します。

（投資と資本の相殺消去）

資本金	500	子会社株式	900
利益剰余金	500	非支配株主持分	200
のれん	100		

のれんは、親会社の投資とそれに対応する子会社の資本との相殺消去によって生じた差額であり、以下のように計算します。

のれん：100＝900－（500＋500）×80％

また、非支配株主持分は子会社の支配獲得時の資本勘定のうち、親会社の持分（80％）以外の部分となります。

非支配株主持分：200＝（500＋500）×20％

（3）当期純損益の按分

「当期純損益の按分」とは、子会社の当期純損益のうち、親会社の持分以外の部分を「非支配株主持分」に按分する仕訳です。100％所有でない子会社が存在する場合に、この仕訳が必要となります。

【図表1－32】 当期純損益の按分のイメージ

連結財務諸表の作成において、子会社の個別財務諸表はまず合算されるた

め、当期純損益も全額合算されます。しかしながら、100％子会社でない場合、子会社の当期純損益の全額が親会社に帰属するものではありません。よって、親会社に帰属しない部分を、「非支配株主持分」に振り替えるための仕訳が必要となるのです。

（当期純利益の按分）

非支配株主損益	20	/	非支配株主持分	20

「非支配株主損益」（非支配株主に帰属する当期純利益）は、連結損益計算書の当期純利益の内訳項目であり、利益剰余金の増減項目です。「非支配株主持分」は貸借対照表の純資産項目です。「非支配株主損益」を計上することで、連結上の利益剰余金が減少（または増加）し、その分、「非支配株主持分」が増加（または減少）することになります。

（4）のれんの償却

投資と資本の相殺消去の際に発生した「のれん」は、発生後20年以内に定額法などの方法で償却を行う必要があります。【図表1-31】で発生したのれんを20年で定額法により償却する場合、のれんの償却仕訳は次のようになります。

（のれんの償却）

のれん償却	5	/	のれん	5

※　100÷20年＝5

（5）内部取引の相殺消去

「内部取引の相殺消去」とは、親会社子会社間、または子会社間の損益取引や債権債務残高を消去するための仕訳です。

【図表1−33】 内部取引の相殺消去

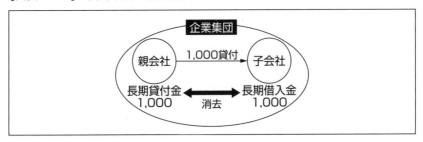

内部取引の相殺消去を行うことで、連結財務諸表には企業集団外部に対する損益および債権債務だけが計上されることになります。

（内部取引の相殺消去）
長期借入金	1,000	/	長期貸付金	1,000

（6）貸倒引当金の調整

前述の「内部取引の相殺消去」において、債権と債務を消去した際、債権を保有していた会社側で貸倒引当金を計上していた場合を考えてみましょう。

【図表1-34】 貸倒引当金の調整

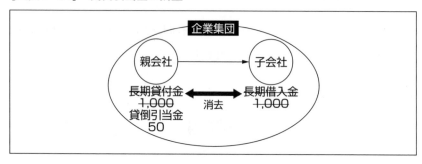

　債権債務の消去だけを行った状態では、債権は消去されたにもかかわらず、貸倒引当金だけが残ってしまいます。よって、連結上消去された債権に対して貸倒引当金を計上している場合には、その貸倒引当金を取り消す仕訳を行います。

（貸倒引当金の調整）

| 貸倒引当金 | 50 | / | 貸倒引当金繰入 | 50 |

（7）未実現損益の消去

　親会社が簿価800の土地を子会社に1,000で売却したケースを考えてみましょう。

【図表1-35】 未実現損益の消去

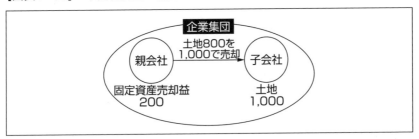

　この場合、子会社の土地に含まれている親会社が付した利益のことを「未実現利益」といいます。この未実現利益は、連結上は消去する必要があります。

（未実現利益の消去）

| 固定資産売却益 | 200 | / | 土地 | 200 |

（8）連結手続上の税効果会計

　「貸倒引当金の調整」や「未実現損益の消去」を行うと、単純合算後の利益と連結財務諸表の利益の間に差異が生じます。よって、この差異について、税効果を認識する必要があります。
　前述の未実現利益の消去に伴う税効果の仕訳は次のようになります（税率30％）。

（連結手続上の税効果会計）

| 繰延税金資産 | 60 | / | 法人税等調整額 | 60 |

※　200×30％＝60

確 認 問 題

連結消去・修正仕訳の主な種類を列挙しなさい。

解　　答

連結消去・修正仕訳の主な種類
① 投資と資本の相殺消去
② 当期純損益の按分
③ のれんの償却
④ 内部取引の相殺消去
⑤ 貸倒引当金の調整
⑥ 未実現損益の消去
⑦ 連結手続上の税効果会計

7 開始仕訳

(1) 開始仕訳とは

6．連結消去・修正仕訳で解説した「連結消去・修正仕訳」は、各社の仕訳帳で行う仕訳とは異なり、連結固有の「連結精算表」の上だけで行う仕訳です。

よって、当期の連結財務諸表を作成する際、各社の個別財務諸表には前期に行った「連結消去・修正仕訳」はいっさい反映されていないため、連結精算表において、前期に行った「連結消去・修正仕訳」を引き継ぐための仕訳が必要となります。これを「開始仕訳」と呼びます（【図表1-36】）。

【図表1-36】 開始仕訳のイメージ

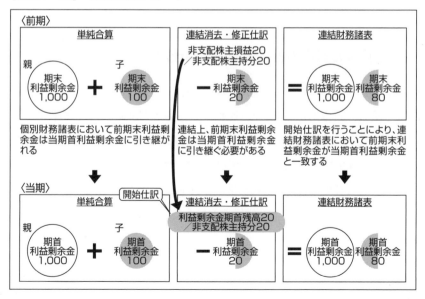

※ 拙著「図解＆設例 連結会計の基本と実務が分かる本」（中央経済社）より抜粋

(2) 開始仕訳が必要な仕訳

「開始仕訳」とは、前期に行った「連結消去・修正仕訳」を引き継ぐ仕訳と説明しましたが、すべての仕訳を引き継ぐ必要があるわけではありません。

例えば、内部取引の消去仕訳は、当期の個別財務諸表に計上されている債権債務や損益取引を消去するための仕訳ですので、前期の金額を当期に引き継ぐための開始仕訳は不要です。債権債務の消去、損益取引の消去においては、当期の残高、当期の取引高のみを消去すればよいのです。

では、どういう仕訳の場合に開始仕訳が必要となるのでしょうか。具体的には、純資産項目（資本金、資本剰余金、利益剰余金など）に影響を及ぼす場合に、開始仕訳が必要となります。

これを踏まえて、**6．連結消去・修正仕訳**で確認した連結消去・修正仕訳の種類ごとに、翌期の開始仕訳がどのようになるかを、順番に見ていきましょう。

(3) 投資と資本の相殺消去の開始仕訳

投資と資本の相殺消去は、親会社の投資勘定（子会社株式）と、それに対応する子会社の資本勘定（資本金、資本剰余金、利益剰余金など）を相殺消去するための仕訳です。100％子会社でない場合には、親会社の持分以外の部分は「非支配株主持分」という純資産項目に振り替えます。

また、親会社の投資とそれに対応する資本とを相殺消去する際、差額が生じた場合には「のれん」（無形固定資産）または「負ののれん」（当事業年度の損益）として処理します。

(投資と資本の相殺消去)

資本金	500	子会社株式	900
利益剰余金	500	非支配株主持分	200
のれん	100		

では、前期に上記の投資と資本の相殺消去仕訳を行った場合の、当期の開始仕訳を考えてみましょう。

【図表1-37】　前期の連結精算表

勘定科目	個別財務諸表 親会社	個別財務諸表 子会社	単純合算	連結消去・修正仕訳	連結財務諸表
(貸借対照表)					
現金預金	11,100	6,700	17,800		17,800
売掛金	10,000	1,300	11,300		11,300
長期貸付金	5,000	-	5,000		5,000
子会社株式	900	-	900	(900)	-
のれん	-	-	-	100	100
資産合計	27,000	8,000	35,000	(800)	34,200
買掛金	(9,000)	(2,000)	(11,000)		(11,000)
長期借入金	-	(5,000)	(5,000)		(5,000)
資本金	(10,000)	(500)	(10,500)	500	(10,000)
利益剰余金	(8,000)	(500)	(8,500)	500	(8,000)
非支配株主持分	-	-	-	(200)	(200)
負債純資産合計	(27,000)	(8,000)	(35,000)	800	(34,200)

※　貸方金額はカッコを付けて示している。

【図表1-37】は前期の連結精算表です。「連結消去・修正仕訳」欄には、前述の「投資と資本の相殺消去」が記載されています。その結果、連結貸借対照表の資本金は10,000、利益剰余金は8,000、非支配株主持分は200となっています。

では、当期の連結精算表を見てみましょう。

【図表1-38】 当期の連結精算表

勘定科目	個別財務諸表 親会社	個別財務諸表 子会社	単純合算
（貸借対照表）	～省	略～	
（損益計算書）	～省	略～	
（株主資本等変動計算書）			
資本金期首残高	(10,000)	(500)	(10,500)
払込による増加	−	−	−
資本金期末残高	(10,000)	(500)	(10,500)
利益剰余金期首残高	(8,000)	(500)	(8,500)
親会社株主損益※	(4,100)	(100)	(4,200)
支払配当金	−	−	−
利益剰余金期末残高	(12,100)	(600)	(12,700)
非支配株主持分期首残高	−	−	−
非支配株主持分変動額	−	−	−
非支配株主持分期末残高	−	−	−

※ 親会社株主に帰属する当期純利益（個別財務諸表では当期純利益）

　当期の連結財務諸表の作成は、まず当期の各社の個別財務諸表を合算することから始めます。【図表1-38】に示した当期の株主資本等変動計算書の資本金期首残高と、【図表1-37】の前期の資本金とを見比べてみましょう。

　当期に各社の個別財務諸表を単純合算しただけでは、連結財務諸表における前期末の資本金と当期首の資本金は一致していません。資本金だけでなく、利益剰余金や非支配株主持分も同様に一致していません。

　「連結消去・修正仕訳」は連結精算表のみで行われている仕訳であり、個別財務諸表を単純合算しただけの金額には反映されていないため、そのままでは前期末の連結財務諸表の金額とは一致しないのです。よって、当期の期首

残高を前期の期末残高に一致させるために、前期に行った「連結消去・修正仕訳」を開始仕訳として行う必要があるのです。

では、当期の開始仕訳を見てみましょう。

開始仕訳（投資と資本の相殺消去）

資本金（期首残高）	500	子会社株式	900
利益剰余金（期首残高）	500	非支配株主持分（期首残高）	200
のれん	100		

上記の開始仕訳では、資本金、利益剰余金および非支配株主持分については、"期首残高"ということが分かるように記載しています。もちろん、期首残高を修正すれば、期末残高にも影響がありますので、貸借対照表の各勘定科目も開始仕訳で修正されることになります（【図表1-39】参照）。開始仕訳を説明する際に、以下のように期首残高を付けずに記載する場合もありますが、意味としては期首残高の修正であるということを認識しておいてください。

開始仕訳（投資と資本の相殺消去）

資本金	500	子会社株式	900
利益剰余金	500	非支配株主持分	200
のれん	100		

【図表1-39】 当期の連結精算表（開始仕訳記入後）

勘定科目	単純合算	開始仕訳	開始仕訳後
(貸借対照表)			
現金預金	19,800		19,800
売掛金	12,500		12,500
長期貸付金	5,000		5,000
子会社株式	900	(900)	−
のれん	−	100	100
資産合計	38,200	(800)	37,400
買掛金	(10,000)		(10,000)
長期借入金	(5,000)		(5,000)
資本金	(10,500)	500	(10,000)
利益剰余金	(12,700)	500	(12,200)
非支配株主持分	−	(200)	(200)
負債純資産合計	(38,200)	800	(37,400)
(損益計算書)	～省　　略～		
(株主資本等変動計算書)			
資本金期首残高	(10,500)	500	(10,000)
払込による増加	−		−
資本金期末残高	(10,500)	500	(10,000)
利益剰余金期首残高	(8,500)	500	(8,000)
親会社株主損益	(4,200)		(4,200)
支払配当金	−		−
利益剰余金期末残高	(12,700)	500	(12,200)
非支配株主持分期首残高	−	(200)	(200)
非支配株主持分変動額	−		−
非支配株主持分期末残高	−	(200)	(200)

(4) 当期純損益の按分の開始仕訳

　前期に当期純利益の按分の仕訳を行った場合、連結貸借対照表の利益剰余金は単純合算後の利益剰余金よりも減少し、その分、非支配株主持分が増加します。よって、前期末の利益剰余金および前期末の非支配株主持分の金額に当期の期首の金額を一致させるために、次のような開始仕訳が必要となります。

前期の仕訳：（当期純利益の按分）

非支配株主損益	20	/	非支配株主持分	20

当期の開始仕訳：（当期純利益の按分）

利益剰余金期首残高	20	/	非支配株主持分期首残高	20

(5) のれんの償却の開始仕訳

　前期にのれんの償却を行った場合、連結上の固有の費用が計上されるため、連結貸借対照表の利益剰余金は単純合算後の利益剰余金よりも減少します。よって、前期末の利益剰余金と当期首の利益剰余金を一致させるために、次のような開始仕訳が必要となります。

前期の仕訳：（のれんの償却）

のれん償却	5	/	のれん	5

当期の開始仕訳：（のれんの償却）

利益剰余金期首残高	5	/	のれん	5

(6) 貸倒引当金の調整の開始仕訳

　前期に貸倒引当金の調整を行った場合、個別で計上した貸倒引当金繰入（費用）を連結では取り消すことになるので、連結貸借対照表の利益剰余金は単純合算後の利益剰余金よりも増加します。よって、前期末の利益剰余金と当期首の利益剰余金を一致させるために、次のような開始仕訳が必要となります。

前期の仕訳：（貸倒引当金の調整）

| 貸倒引当金 | 50 | / | 貸倒引当金繰入 | 50 |

当期の開始仕訳：（貸倒引当金の調整）

| 貸倒引当金 | 50 | / | 利益剰余金期首残高 | 50 |

(7) 未実現損益の消去の開始仕訳

　前期に未実現利益の消去を行った場合、個別で計上した利益を連結では消去することになるので、連結貸借対照表の利益剰余金は、単純合算後の利益剰余金よりも減少します。よって、前期末の利益剰余金と当期首の利益剰余金を一致させるために、次のような開始仕訳が必要となります。

前期の仕訳：（未実現利益の消去）

| 固定資産売却益 | 200 | / | 土地 | 200 |

当期の開始仕訳：（未実現利益の消去）

| 利益剰余金期首残高 | 200 | / | 土地 | 200 |

(8) 連結手続上の税効果会計の開始仕訳

前期に連結手続上の税効果会計の仕訳を行うことで、単純合算後の利益剰余金と連結貸借対照表の利益剰余金には差が生じます。よって、前期末の利益剰余金と当期首の利益剰余金を一致させるために、以下のような開始仕訳が必要となります。

前期の仕訳：（連結手続上の税効果会計）

繰延税金資産	60	/	法人税等調整額	60

当期の開始仕訳：（連結手続上の税効果会計）

繰延税金資産	60	/	利益剰余金期首残高	60

確 認 問 題

「開始仕訳」とは何か、なぜ債権債務の消去や損益取引の消去は開始仕訳が不要なのかについて、簡単に説明しなさい。

解 答

　開始仕訳とは、連結精算表において、前期に行った連結消去・修正仕訳を引き継ぐための仕訳のことをいいます。

　ただし、すべての仕訳を引き継ぐ必要があるわけではなく、純資産項目（資本金、資本剰余金、利益剰余金など）に影響を及ぼす仕訳の場合に、翌期の開始仕訳が必要となります。

　債権債務の消去や損益取引の消去は、貸借対照表項目どうし、損益計算書項目どうしの仕訳であり、純資産項目に影響はありません。よって、前期の仕訳を引き継ぐ必要はなく、当期の金額に基づく仕訳のみを行えばよいのです。

8 連結貸借対照表、連結損益計算書

(1) 連結財務諸表の種類

　連結財務諸表は、支配従属関係にある２つ以上の企業からなる企業集団を、１つの会社のようにみなして、親会社が当該企業集団の財政状態、経営成績およびキャッシュ・フローの状況を総合的に報告するために作成するものでした。連結財務諸表には以下の種類があります。

---

① 連結貸借対照表
② 連結損益及び包括利益計算書（１計算書方式）または連結損益計算書および連結包括利益計算書（２計算書方式）
③ 連結株主資本等変動計算書
④ 連結キャッシュ・フロー計算書

　ここでは、①〜③までの内容を、順番に確認していきます。

(2) 連結貸借対照表

　連結貸借対照表は、企業集団としての一時点の財政状態を報告するための書類です。

【図表1-40】 連結貸借対照表(支配獲得時)

連結貸借対照表は、まず親会社および子会社の個別貸借対照表を合算し、その後、投資と資本の消去、企業集団内の債権債務の消去などを行って作成します。よって、連結貸借対照表には、企業集団外部に対する債権債務だけが残ります。

【図表1-40】は、支配獲得時の連結貸借対照表の作成の流れを示しています。この例では、P社、S社間の債権債務は存在していなかったため、子会社株式を除くP社、S社の資産および負債の合算金額がそのまま連結貸借対照表に計上されていることがわかります。

また、子会社の資本のうち親会社に帰属する部分は親会社の投資と相殺消去され、親会社に帰属しない部分は非支配株主持分に振り替えます。よって、連結貸借対照表の純資産の部に資本金として計上されている金額は親会社の資本金のみとなります。支配獲得時の利益剰余金も親会社に帰属する部

分は投資勘定と相殺消去され、残りは非支配株主持分に振り替えられるため、結果として、【図表1-40】に示した支配獲得時の連結貸借対照表の純資産には、親会社の利益剰余金のみが残っていることがわかりますね。非支配株主持分は、子会社の資本のうちの親会社に帰属しない部分を振り替えた科目なので、純資産と同様に貸借対照表の貸方に計上されます。

では【図表1-40】の翌年における連結貸借対照表を見てみましょう。

【図表1-41】 連結貸借対照表(翌年度)

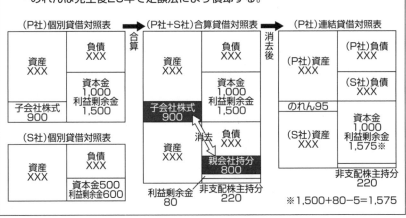

【図表1-41】は【図表1-40】の翌年度の連結貸借対照表を示しています。純資産の部を見てください。資本金は【図表1-40】と変わらず親会社の資本金だけが計上されています。では、利益剰余金はどうでしょう。利益剰余金は、親会社の利益剰余金1,500に子会社の支配獲得後利益剰余金100

(600−500) のうち、親会社に帰属する金額が加算され、さらにのれんの償却5（100÷20年）を控除した結果となっています（1,575＝1,500＋100×80％−5）。

また、非支配株主持分は子会社の純資産のうちの親会社に帰属する部分以外なので、1年後の連結貸借対照表においてはS社純資産1,100（500＋600）×20％＝220となっています。

連結会計は「連結消去・修正仕訳」ばかりに目が行きがちですが、仕訳を行った結果どういう金額になるのか、という点にも意識をしながら学習してみてください。より理解が深まると思います。

（3）連結損益計算書

連結損益計算書は、企業集団としての一定期間の経営成績を報告するための書類です。親会社および子会社の個別損益計算書を合算し、その後、企業集団内の損益取引の消去、未実現損益の消去などを行って作成します。

【図表1-42】 連結損益計算書

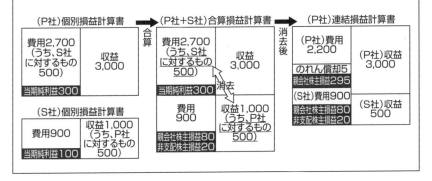

【図表1-42】を見てください。連結損益計算書に計上されている収益および費用は、企業集団内の損益取引を消去した後なので、企業集団外部に対するものだけが残っています。また、100％子会社でない場合には、子会社の個別損益計算書に計上されている当期純利益のうち親会社に帰属しない部分は「非支配株主に帰属する当期純利益」(非支配株主損益)として計上されます。当期純利益から「非支配株主に帰属する当期純利益」(非支配株主損益)を控除した金額が「親会社株主に帰属する当期純利益」(親会社株主損益)となります。

実際の連結損益計算書の形式は【図表1-43】のとおりです(P社、S社の収益はすべて売上高、費用はすべて売上原価とする)。

【図表1-43】 連結損益計算書の形式

```
           (P社)連結損益計算書
売上高                        3,500
売上原価                       3,100
売上総利益                       400
のれん償却費                        5
当期純利益                       395
非支配株主に帰属する当期純利益         20
親会社株主に帰属する当期純利益        375
```

【図表1-43】における連結損益計算書の親会社株主に帰属する当期純利益は、親会社の当期純利益300と、子会社の当期純利益100のうちの80％を合算し、のれん償却5を控除した金額375（300＋80－5）となることがわかります。

（4）連結包括利益計算書

連結包括利益計算書は、企業集団としての一定期間の包括利益に関する情報を報告するための書類です。

包括利益とは、一会計期間の純資産の変動額のうち、資本取引（増資など）以外の部分のことをいいます。

【図表１-44】 包括利益のイメージ

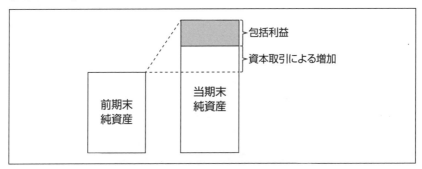

　当期純利益は包括利益の一部です。当期純利益以外の包括利益を「その他の包括利益」といい、具体的には有価証券評価差額金、繰延ヘッジ損益、為替換算調整勘定、退職給付に係る調整額などが含まれます。

　連結包括利益計算書は、連結損益計算書とは別に作成する方法（2計算書方式）と、連結損益計算書の下に続けて作成する方法（1計算書方式）があり、1計算書方式の場合は「連結損益及び包括利益計算書」と呼びます。

　現在の上場企業においては、ほとんどの会社が2計算書方式を採用しています。

（5）連結株主資本等変動計算書

　連結株主資本等変動計算書は、連結貸借対照表の純資産の部の一会計期間における変動額のうち、親会社株主に帰属する部分である株主資本の各項目の変動事由を報告するために作成するものです。株主資本以外の項目の変動額も記載するため、株主資本等変動計算書という名称になっています。

【図表1-45】 連結貸借対照表、連結損益計算書と連結株主資本等変動計算書の関係

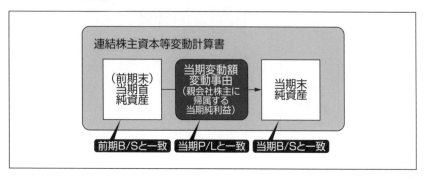

具体的には、純資産の部に計上されている株主資本項目（資本金、資本剰余金、利益剰余金、自己株式）の前期末（当期首）から当期末までの変動額および変動事由と、その他包括利益累計額、非支配株主持分、新株予約権などの株主資本以外の純資産項目の前期末（当期首）から当期末までの変動額を記載します。

【図表1-41】の数値例をもとに連結株主資本等変動計算書を作成すると次のようになります。

【図表1-46】 連結株主資本等変動計算書

	株主資本			非支配株主持分	純資産合計
	資本金	利益剰余金	株主資本合計		
当期首残高	1,000	1,200	2,200	200	2,400
当期変動額					
親会社株主に帰属する当期純利益		375	375		375
株主資本以外の項目の当期変動額（純額）				20	20
当期変動額合計	0	375	375	20	395
当期末残高	1,000	1,575	2,575	220	2,795

【図表1-46】の当期首残高は、前期の連結貸借対照表の純資産の部の金額

と一致しています。利益剰余金の当期変動額のうち、親会社株主に帰属する当期純利益は、当期の連結損益計算書の金額と一致します。非支配株主損益は非支配株主持分の当期変動額となります。

結果として、当期末残高は当期の連結貸借対照表の純資産の部の金額と一致します。

確認問題

以下の条件に基づき、連結貸借対照表の利益剰余金および非支配株主持分を計算しなさい。

<条件>
【図表1-41】の翌年におけるP社およびS社の純資産は以下のとおりであった。

　P社：資本金1,000、利益剰余金1,800
　S社：資本金500、利益剰余金1,000

その他の条件は【図表1-41】と同様である。

8. 連結貸借対照表、連結損益計算書

解　　　答

利益剰余金2,190（P社1,800＋S社400－のれん償却10）

非支配株主持分300（(500＋1,000)×20％）

　連結貸借対照表の利益剰余金の金額は、親会社の利益剰余金と子会社の取得後利益剰余金のうちの親会社持分（500×80％＝400）を合算し、ここから、のれん償却10（5×2年）を控除した金額となります。また、非支配株主持分はX2年度末の子会社純資産のうちの親会社持分以外の部分（(資本金500＋利益剰余金1,000)×20％）となります（【図表1-47】参照）。

【図表1-47】　子会社純資産のうち、連結貸借対照表に計上される金額の図解

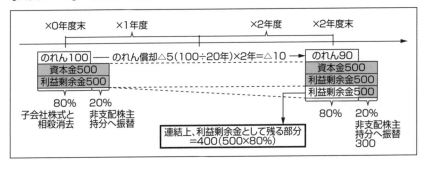

9 基礎知識の確認問題

第1章では、連結会計の基礎知識の習得を目的として、連結財務諸表を作成するまでの一連の流れを確認してきました。

それでは、確認問題として、連結精算表の作成問題をやってみましょう。制限時間は15分です。

【確認問題】

当期のP社およびS社の個別財務諸表は解答用紙に示したとおりである。以下の条件に基づき、当期の連結精算表を完成させなさい。

（投資と資本の相殺消去）
- P社は前期末にS社株式80％を10,000で取得し、連結子会社とした。
- 前期末のS社資本勘定は資本金5,000、利益剰余金5,000であった。

（当期純利益の按分）
- S社の当期純利益3,000のうち20％を非支配株主持分へ按分する。

（のれんの償却）
- のれん2,000は、当期から20年間で定額法で償却する。

（内部取引の消去）
- S社の売上原価はすべてP社から仕入れたものである。
- S社の買掛金はすべてP社に対するものである。

（貸倒引当金の調整）
- P社の売掛金のうち20,000はS社に対するものであり、これに対して200の貸倒引当金を計上している。

(未実現利益の消去)
・当期にP社は土地(簿価8,000)を10,000でS社に売却し、土地売却益2,000を計上している。

(連結手続上の税効果)
・連結手続上の税効果を認識し、繰延税金資産720を計上する。

【参考】 当期の連結消去・修正仕訳

(投資と資本の相殺消去)

資本金	5,000	子会社株式	10,000
利益剰余金期首残高	5,000	非支配株主持分	2,000
のれん	2,000		

(当期純利益の按分)

非支配株主損益	600	非支配株主持分	600

※ 3,000×20%=600

(のれんの償却)

のれん償却	100	のれん	100

※ 2,000÷20年=100

(内部取引の消去)

債権債務の消去

買掛金	20,000	売掛金	20,000

損益取引の消去

売上高	50,000	売上原価	50,000

(貸倒引当金の調整)

貸倒引当金	200	貸倒引当金繰入	200

(未実現利益の消去)

土地売却益	2,000	土地	2,000

(連結手続上の税効果)

繰延税金資産	720	法人税等調整額	720

連結精算表は、連結消去・修正仕訳がわかっていないと記入ができません。よって、上記を参考に、まずは連結消去・修正仕訳を確認してください。

連結消去・修正仕訳の確認が終わったら、以下の手順で連結精算表を作成してみましょう。

> **連結精算表の記入手順**
> ① 連結消去・修正仕訳の内容に従って、借方貸方をそれぞれ連結精算表の該当列に記入する。
> ② 損益計算書項目に記入した場合には、損益項目が変動することで当期純利益も影響を受けるため、当期純利益（親会社株主損益）に合計金額を記入する。
> ③ 当期純利益（親会社株主損益）が変動した場合には、株主資本等変動計算書（利益剰余金）の当期純利益（親会社株主損益）にも同額を記入する。
> ④ 上記③により、株主資本等変動計算書（利益剰余金）の利益剰余金期末残高も影響を受けるので、利益剰余金期末残高に合計金額を記入する。
> ⑤ 貸借対照表の利益剰余金に、上記④の利益剰余金期末残高を記入する。
> ⑥ 貸借対照表の資産合計、負債純資産合計を記入する（一致していることを確認する）。

[解答用紙]

	個別財務諸表			連結消去・修正仕訳						連結財務諸表
勘定科目	P社	S社	単純合算	投資と資本の相殺消去	当期純利益の按分	のれんの償却	内部取引の消去	貸倒引当金の調整	未実現利益の消去	連結手続上の税効果
(貸借対照表)										
現金及び預金	109,000	23,000	132,000							
売掛金	100,000	—	100,000							
貸倒引当金	(1,000)	—	(1,000)							
土地	—	10,000	10,000							
子会社株式	10,000	—	10,000							
のれん	—	—	—							
繰延税金資産	—	—	—							
資産合計	218,000	33,000	251,000							
買掛金	(90,000)	(20,000)	(110,000)							
資本金	(100,000)	(5,000)	(105,000)							
利益剰余金	(28,000)	(8,000)	(36,000)							
非支配株主持分	—	—	—							
負債純資産合計	(218,000)	(33,000)	(251,000)							
(損益計算書)										
売上高	(252,000)	(80,000)	(332,000)							
売上原価	158,000	50,000	208,000							
貸倒引当金繰入	1,000	—	1,000							
その他販売費及び一般管理費	80,000	25,000	105,000							
のれん償却	—	—	—							
土地売却益	(2,000)	—	(2,000)							
法人税等	6,000	2,000	8,000							
法人税等調整額	—	—	—							
非支配株主損益	—	—	—							
当期純利益(親会社株主損益)	(9,000)	(3,000)	(12,000)							
(株主資本等変動計算書)										
利益剰余金期首残高	(19,000)	(5,000)	(24,000)							
当期純利益(親会社株主損益)	(9,000)	(3,000)	(12,000)							
利益剰余金期末残高	(28,000)	(8,000)	(36,000)							

※ 貸方金額はカッコを付けて示している。

第1章 連結会計の基礎知識

[解答]

勘定科目	個別財務諸表 P社	個別財務諸表 S社	単純合算	連結消去・修正仕訳 投資と資本の相殺消去	連結消去・修正仕訳 当期純利益の按分	連結消去・修正仕訳 のれんの償却	連結消去・修正仕訳 内部取引の消去	連結消去・修正仕訳 貸倒引当金の調整	連結消去・修正仕訳 未実現利益の消去	連結消去・修正仕訳 連結手続上の税効果	連結財務諸表
(貸借対照表)											
現金及び預金	109,000	23,000	132,000								132,000
売掛金	100,000		100,000				(20,000)				80,000
貸倒引当金	(1,000)		(1,000)					200			(800)
土地	—	10,000	10,000						(2,000)		8,000
子会社株式	10,000	—	10,000	(10,000)							—
のれん	—	—	—	2,000		(100)					1,900
繰延税金資産	—	—	—							720	720
資産合計	218,000	33,000	251,000	(8,000)	0	(100)	(20,000)	200	(2,000)	720	221,820
買掛金	(90,000)	(20,000)	(110,000)				20,000				(90,000)
資本金	(100,000)	(5,000)	(105,000)	5,000							(100,000)
利益剰余金	(28,000)	(8,000)	(36,000)	5,000	600	100		(200)	2,000	(720)	(29,220)
非支配株主持分	—	—	—	(2,000)	(600)						(2,600)
負債純資産合計	(218,000)	(33,000)	(251,000)	8,000	0	100	20,000	(200)	2,000	(720)	(221,820)
(損益計算書)											
売上高	(252,000)	(80,000)	(332,000)				50,000				(282,000)
売上原価	158,000	50,000	208,000				(50,000)				158,000
貸倒引当金繰入	1,000	—	1,000					(200)			800
その他販売費及び一般管理費	80,000	25,000	105,000								105,000
のれん償却	—	—	—			100					100
土地売却益	(2,000)	—	(2,000)						2,000		—
法人税等	6,000	2,000	8,000								8,000
法人税等調整額	—	—	—							(720)	(720)
非支配株主損益	—	—	—		600						600
当期純利益(親会社株主帰属)	(9,000)	(3,000)	(12,000)	5,000	600	100	0	(200)	2,000	(720)	(10,220)
(株主資本等変動計算書)											
利益剰余金期首残高	(19,000)	(5,000)	(24,000)	5,000							(19,000)
当期純利益(親会社株主損益)	(9,000)	(3,000)	(12,000)	5,000	600	100		(200)	2,000	(720)	(10,220)
利益剰余金期末残高	(28,000)	(8,000)	(36,000)	5,000	600	100		(200)	2,000	(720)	(29,220)

※ 貸方金額はカッコを付けて示している。

第2章
連結会計の各種論点

1 資本連結とは

（1）資本連結とは

　ある会社が他の会社の議決権の過半数を所有すること等によって、ある会社は他の会社に対する支配を獲得します。このとき、支配を獲得した会社を「親会社」、支配された会社を「子会社」と呼びます。親会社は、支配を獲得した時点から子会社の財務諸表を連結財務諸表に含める必要があります。

　連結財務諸表は、親会社の個別財務諸表と子会社の個別財務諸表とを合算することからはじめます。その後、連結消去・修正仕訳において、親会社の子会社に対する投資（子会社株式など）と、これに対応する子会社の資本（資本金、資本剰余金、利益剰余金など）を相殺消去します。

　子会社は親会社から出資を受けて経営活動を行っているため、親会社で計上している投資勘定と子会社で計上している資本勘定は連結上では内部取引であり、連結財務諸表を作成する上では消去する必要があるのです。

　投資と資本の消去の際に差額が生じた場合には、その差額をのれん（借方差額）または負ののれん（貸方差額）として計上します。後述しますが、親会社が子会社の株式を取得する際、その子会社の簿価よりも高い価格で取得した場合に、「のれん」が発生します。逆に低い価格で取得した場合には、「負ののれん」が発生します。

　また、100％子会社ではなく、親会社以外の株主が存在する場合には、親会社の投資勘定と相殺消去される子会社の資本は、親会社の持分に相当する金額のみとなります。よって、子会社の資本のうち親会社に帰属しない部分を、非支配株主持分に振り替えます。この一連の処理のことを「資本連結」といいます。

【図表2−1】 資本連結のイメージ

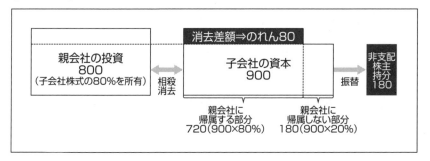

（2）資本連結の本質

それでは、簡単な数値例を用いて、連結消去・修正仕訳と、その結果作成される連結財務諸表がどのようになるかを考えてみましょう。

設例2−1　資本連結

以下の前提条件をもとに、X0年度の連結貸借対照表を作成しなさい。

（前提条件）
・X0年度末にP社はS社の発行済株式総数の80％を800で取得し、連結子会社とした。
・支配獲得時のS社資本は資本金500、利益剰余金400であった。
・X0年度のP社およびS社の個別貸借対照表は以下のとおりであった。

P社貸借対照表

諸資産	2,500	諸負債	1,300
子会社株式	800	資本金	1,000
		利益剰余金	1,000

S社貸借対照表

諸資産	1,500	諸負債	600
		資本金	500
		利益剰余金	400

解答2-1

〈ステップ１〉単純合算

(P社+S社) 貸借対照表

諸資産	2,500	諸負債	1,300
子会社株式	800	資本金	1,000
		利益剰余金	1,000
諸資産	1,500	諸負債	600
		資本金	500
		利益剰余金	400

〈ステップ２〉連結消去・修正仕訳

（投資と資本の消去仕訳）

資本金	500	子会社株式	800
利益剰余金	400	非支配株主持分	180※2
のれん	80※1		

※1　800−(500+400)×80%=80
※2　(500+400)×20%=180

〈連結貸借対照表〉

連結貸借対照表

諸資産（P）	2,500	諸負債（P）	1,300
		資本金	1,000
のれん	80	利益剰余金	1,000
諸資産（S）	1,500		
		諸負債（S）	600
		非支配株主持分	180

解答2−1の連結貸借対照表を見てください。Ｐ社の個別貸借対照表に計上されていた「子会社株式800」の代わりに、Ｓ社の諸資産、諸負債が合算されているのがわかりますね。このように、連結財務諸表を作成することによって、親会社の個別財務諸表に計上されていた投資勘定が具体的な運用形態（諸資産、諸負債）に置き換わります。連結財務諸表を作成することで、親会社での投資（子会社株式）が投資先でどのように運用されているのか、業績

が良いのか悪いのか等、投資の実態が明らかとなるのです(【図表2-2】)。

【図表2-2】 子会社株式

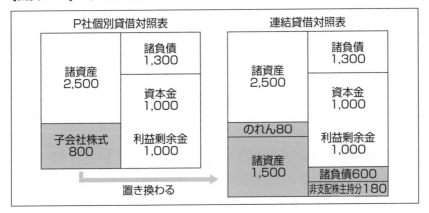

(3) 非支配株主持分とは

「非支配株主持分」とは、子会社の資本のうち、親会社に帰属しない部分のことです(【図表2-3】)。

子会社にとっては、親会社が「支配株主」です。親会社以外の株主が存在する場合には、それが「非支配株主」となります。その持分額を示した科目が「非支配株主持分」という科目です。

【図表2−3】 非支配株主持分とは

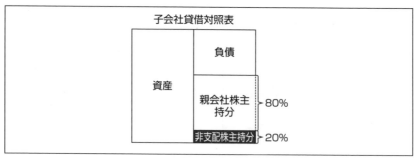

　支配獲得後に増加（または減少）した子会社の剰余金のうち、親会社に帰属する部分は、そのまま連結財務諸表上でも剰余金として計上し、親会社に帰属しない部分は「非支配株主持分」に振り替えます。

　この結果、「非支配株主持分」は、期末の子会社の資本のうち、親会社持分以外の比率を乗じた金額となります。ただし、子会社の損益に未実現損益の消去等がある場合には、そのうちの一部を「非支配株主持分」にも負担させる必要があります。その場合の「非支配株主持分」の金額は、期末の子会社の資本に親会社持分以外の比率を乗じた金額に、未実現損益等の負担額を加減算した金額となります。未実現損益等の詳細な説明は、**5．未実現損益の消去**で行います。

　なお、「非支配株主持分」は、連結貸借対照表の純資産の部に表示されます。

（4）のれんとは

　のれんとは、親会社の投資と子会社の資本を相殺消去した際に生じた借方差額のことです。

　親会社が投資した金額が、それに対応する子会社の資本よりも大きい時

に、のれんが生じます。のれんは無形固定資産の部に計上し、発生後20年以内に定額法やその他の合理的な方法により償却します。

のれんの実態は何でしょうか。子会社の資本（＝子会社の帳簿価額）よりも高い金額で子会社株式を取得したことの意味を考えてみましょう。

親会社が子会社の資本よりも高い金額で子会社株式を購入したということは、その会社には帳簿上には現れていない"価値"があると認めて取得したことになります。帳簿上には現れていない"価値"とは、例えば、ブランド力やイメージ、技術力などがあり、これらを「超過収益力」と呼びます。親会社はこの「超過収益力」を得るために、高い金額を払ってその会社を取得したわけです。よって、この「超過収益力」を、連結財務諸表上では、「のれん」（無形固定資産）として計上するのです。

なお、逆に帳簿価額よりも低い金額で取得した時は、「負ののれん」となり発生した事業年度の損益として処理します。

確 認 問 題

以下の文章の空欄に適切な言葉を入れて文章を完成させなさい。

「資本連結」とは、親会社の子会社に対する[　　]とこれに対応する子会社の[　　]を相殺消去し、消去差額が生じた場合には当該差額を[　　]（又は[　　　　]）として計上するとともに、子会社の資本のうち[　　　　　]部分を[　　　　　]に振り替える一連の処理をいいます。

解 答

「資本連結」とは、親会社の子会社に対する 投資 とこれに対応する子会社の 資本 を相殺消去し、消去差額が生じた場合には当該差額を のれん （又は 負ののれん ）として計上するとともに、子会社の資本のうち 親会社に帰属しない 部分を 非支配株主持分 に振り替える一連の処理をいいます。

2　投資と資本の消去

（1）支配獲得時における資本連結の手続き

　親会社は、支配を獲得した時点から子会社の財務諸表を連結財務諸表に含める必要があります。

　支配を獲得した場合の連結消去・修正仕訳は、以下のステップで行います。

① 　子会社の資産・負債の時価評価
② 　親会社の投資と子会社の資本との相殺消去
③ 　のれんの計上
④ 　非支配株主持分の計上

上記ステップに基づいて、順番に仕訳を確認していきましょう。

①　子会社の資産・負債の時価評価

　子会社の支配を獲得した際、子会社の個別財務諸表をそのまま連結するのではなく、子会社が保有している資産と負債を、支配獲得日の時価で評価する必要があります。

　この時、簿価と時価との差額は、「評価差額」という、子会社の資本項目として計上します。また、税効果も認識する必要があるため、税効果控除後の金額が「評価差額」となります。

　では、簡単な設例で仕訳を確認してみましょう。

設例2-2 子会社の資産・負債の時価評価

以下の前提条件に基づき、子会社の資産・負債の時価評価に関する連結消去・修正仕訳を示しなさい。

（前提条件）
- X0年度末にP社はS社の発行済株式総数の80％を1,000で取得し、連結子会社とした。
- 支配獲得時のS社の資本は資本金500、利益剰余金400であった。
- 支配獲得時のS社の諸資産のうち、土地（簿価500）の時価は750であり、それ以外の資産および負債の簿価と時価は同額であった。
- S社の実効税率は30％であった。

この設例では、土地の簿価と時価との差額である250を土地に加算するとともに、税効果を控除した金額を「評価差額」として計上します。

（連結消去・修正仕訳）
子会社の資産・負債の時価評価

土地	250※1	繰延税金負債	75※2
		評価差額	175※3

※1　時価750－簿価500＝250
※2　250×30％＝75
※3　250×70％＝175または貸借差額

② 親会社の投資と子会社の資本との相殺消去

次に、親会社の投資とこれに対応する子会社の資本を相殺消去します。この時、子会社の資本は時価評価後の資本となり、具体的には以下の項目が含まれます。

- 個別貸借対照表上の純資産の部における株主資本
- 個別貸借対照表上の純資産の部における評価・換算差額等
- 資産および負債の時価と当該資産および負債の個別貸借対照表上の金額との差額（評価差額）

なお、新株予約権はまだ株主資本にはなっていないため、投資と資本の消去の際の子会社の資本の額には含まれません。

では、設例2-2の前提条件に基づいて、親会社P社の投資と相殺消去される子会社S社の資本の額を計算してみましょう。

この設例において、P社はS社株式の80％を取得しています。よって、これに対応するS社の資本は、時価評価後の資本合計1,075（資本金500、利益剰余金400、評価差額175）のうちの80％である860となります（【図表2-4】）。

【図表2-4】 子会社の資本

③ のれんの計上

親会社の投資と、これに対応する子会社の資本を相殺消去した際の差額は、借方差額は「のれん」、貸方差額は「負ののれん」として計上します。設例2-2においては、投資と資本の相殺消去の差額は140（1,000－

860)となり、これを「のれん」として計上します。

④ 非支配株主持分の計上

100％子会社でない場合に、親会社の投資と相殺消去されない金額は、「非支配株主持分」に振り替えます。設例2－2において、時価評価後のS社資本合計1,075のうち、20％の215が非支配株主持分となります。

では、設例2－2に基づいて、支配獲得時の投資と資本の消去仕訳を確認しておきましょう。

（連結消去・修正仕訳）
投資と資本の消去

資本金	500	子会社株式	1,000
利益剰余金	400	非支配株主持分	215
評価差額	175		
のれん	140		

【図表2－5】 支配獲得時の仕訳

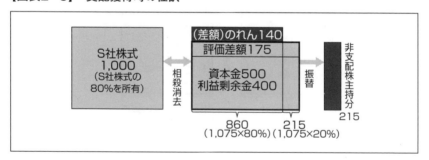

なぜ、子会社の資産・負債を時価評価してから連結するのでしょうか。「子会社株式を取得した」という行為は、連結財務諸表においては（新規子会社が保有している）資産と負債を取得したことになります。例えば、土地を取得した場合を考えてみてください。新規に土地を取得した場合、帳

簿価額の決定において相手側の"簿価"は関係ありませんよね。当社の帳簿上には取得時の時価（公正な価値）で計上します。

これと同様の考え方に基づき、親会社は、支配獲得という行為によって子会社が保有していた資産と負債を新規に取得したので、連結財務諸表には支配獲得時の時価で計上することになるのです。

（2）取得関連費用の取扱い

企業結合会計基準により、子会社株式を取得した際に生じた取得関連費用（アドバイザー等に支払った手数料）は、発生した連結会計年度の費用として処理します。個別財務諸表においては、付随費用として取得原価に含めます。

個別財務諸表を作成する際、株式を購入した際の付随費用については、たな卸資産や固定資産の取得原価と同様に、購入取引の一部と捉えて取得原価に含めるという考え方となっています。しかしながら、国際的な会計基準では株式を取得する際にアドバイザー等に支払った手数料等は、企業結合とは別の取引であると考え、発生時の費用とされています。一方、連結上では、この国際的な会計基準の考え方を取り入れ、連結財務諸表においては、発生時の費用として処理することとしています。

よって、新規に子会社株式を取得して支配を獲得した際、子会社株式の取得原価に含まれている取得関連費用は、連結消去・修正仕訳を行って発生時の費用に振り替える必要があります。

それでは、連結消去・修正仕訳を考えてみましょう。

設例2－3　取得関連費用の取扱い

以下の前提条件に基づき、支配獲得時に必要となる連結消去・修正仕訳を示しなさい。

（前提条件）
- X0年度末にP社はS社の発行済株式総数の100％を1,200（うち、アドバイザーへの報酬200）で取得し、連結子会社とした。
- 支配獲得時のS社資本は資本金500、利益剰余金400であった。
- 支配獲得時のS社資産の簿価と時価は同額であった。

① 取得関連費用の振替

個別財務諸表において、取得関連費用は子会社株式の取得原価に計上されています。よって、連結財務諸表を作成する上では、発生した連結会計年度の費用に振り替える仕訳を行います。

（連結消去・修正仕訳）
取得関連費用の振替

支払手数料	200	/	子会社株式	200

② 投資と資本の消去

取得関連費用を振り替えた後、親会社の投資と子会社の資本を相殺消去します。

```
(連結消去・修正仕訳)
投資と資本の消去
 資本金       500    / 子会社株式    1,000※1
 利益剰余金    400
 のれん       100※2
```
※1 1,200−200=1,000
※2 貸借差額

【図表2−6】を見てください。従来の会計基準で処理した場合よりも、改正基準に基づいて処理した場合の方が、のれんが小さくなることがわかります。

【図表2−6】　取得関連費用の取扱い

（3）段階取得の場合

　一回の株式取得で支配を獲得した場合のことを「一括取得」といいます。それに対し、株式を何回かに分けて段階的に取得し、結果として支配を獲得した場合のことを「段階取得」といいます。

　子会社の資本と相殺消去される親会社の子会社に対する投資額は、支配獲得日の時価によるものとされています。よって、段階取得の場合には、支配

獲得日以前から保有していた株式の金額を支配獲得日の時価に置き換えるための仕訳が必要となります。この時、過去の取得原価と支配獲得日の時価との差額は「段階取得に係る損益」として計上します。

では、連結消去・修正仕訳を考えてみましょう。

設例2−4　段階取得の場合

以下の前提条件に基づき、支配獲得時に必要となる連結消去・修正仕訳を示しなさい。

（前提条件）
- Ｘ０年度末にＰ社はＳ社の発行済株式総数の10％（10株）を80で取得し、原価法適用会社とした。
- Ｘ１年度末にＰ社はＳ社の発行済株式総数の70％（70株）を700で追加取得し、連結子会社とした。
- 支配獲得時のＳ社資本は資本金500、利益剰余金400であった。
- 支配獲得時のＳ社資産の簿価と時価は同額であった。

① 親会社の投資の時価評価

支配獲得前に保有していたＳ社株式は1株あたり8（80÷10株）、支配獲得日の時価は1株あたり10（700÷70株）となっています。よって、支配獲得前に保有していたＳ社株式10株を時価に置き換えます。

（連結消去・修正仕訳）
親会社の投資の時価評価

子会社株式	20	段階取得に係る差益	20

※　@10×10株−80＝20

② 投資と資本の消去

投資勘定を支配獲得日の時価に置き換えた後、親会社の投資と子会社の資本を相殺消去します。

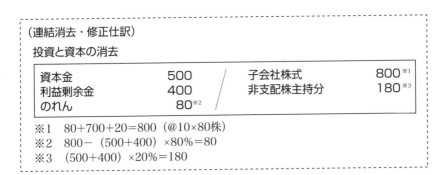

【図表2-7】 段階取得の場合

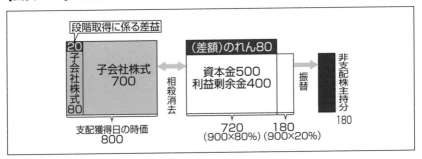

なぜ、過去の取得原価で計上されている投資勘定を支配獲得日の時価に置きなおす必要があるのでしょうか。それは、子会社の資本が時価評価されているにも関わらず、投資が過去の取得原価のままですと、投資と資本の消去差額に、子会社株式の過去の取得原価と現在の時価との差額が混在してしまうからです。超過収益力を示す「のれん」を正しく計算するためには、投資も時価に置き換える必要があるのです。

確 認 問 題

以下の前提条件に基づき、支配獲得時に必要となる連結消去・修正仕訳を示しなさい。

（前提条件）
- Ｘ０年度末にＰ社はＳ社の発行済株式総数の80％を1,000（うち、アドバイザーへの報酬200）で取得し、連結子会社とした。
- 支配獲得時のＳ社資本は資本金500、利益剰余金550であり、それ以外の資産および負債は簿価と時価は同額であった。
- 支配獲得時のＳ社資産のうち、土地（簿価500）の時価は250であった。
- Ｓ社の実効税率は30％であった。

解　　答

　取得関連費用がある場合、子会社株式に含まれている金額を、連結財務諸表においては費用科目に振り替えた上で、投資と資本の消去仕訳を行う必要があります。また、新規に連結する場合、子会社の資産および負債を支配獲得日の時価で評価する必要があります。

　よって、支配獲得時に必要となる連結消去・修正仕訳は以下のようになります。

(連結消去・修正仕訳)
取得関連費用の振替

| 支払手数料 | 200 | / | 子会社株式 | 200 |

子会社の資産負債の時価評価

| 繰延税金資産 | 75[※2] | / | 土地 | 250[※1] |
| 評価差額 | 175[※3] | | | |

※1　時価250－簿価500＝△250（評価損）
※2　250×30％＝75
※3　250×70％＝175または貸借差額

投資と資本の消去

資本金	500	/	子会社株式	800[※1]
利益剰余金	550		非支配株主持分	175[※3]
のれん	100[※2]		評価差額	175

※1　1,000－200＝800
※2　800－(500＋550－175)×80％＝100
※3　(500＋550－175)×20％＝175

3 当期純損益の按分、配当金の振替、その他包括利益の按分、のれんの償却

(1) 支配獲得後の仕訳

　支配獲得後に生じた子会社の利益剰余金のうち、親会社の持分に帰属する部分は、取得後利益剰余金とし、親会社以外の株主に帰属する部分は、非支配株主持分に振り替えます。

【図表2-8】 支配獲得日と支配獲得後の仕訳イメージ

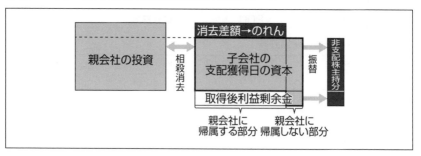

　100％子会社であれば、支配獲得後に生じた子会社の利益剰余金は、全額親会社の利益剰余金となるため、連結消去・修正仕訳で修正する必要はありません。しかしながら、100％子会社でない場合には、支配獲得後に生じた子会社の利益剰余金のうち、一部は親会社以外の非支配株主の持分となります。よって、合算した後、親会社に帰属しない部分を、非支配株主持分に振り替えるための仕訳が必要となります。

　支配獲得後に生じた子会社の利益剰余金の内訳には、当期純損益と配当金等があります。それぞれ、どのような連結消去・修正仕訳が必要となるかについて、順番に見ていきましょう。

(2) 当期純損益の按分

非支配株主が存在する場合、子会社が計上した当期純損益の一部を、非支配株主に振り替えるための仕訳が必要となります。

－当期純利益の按分－

| 非支配株主損益 | ×× | / | 非支配株主持分 | ×× |

－当期純損失の按分－

| 非支配株主持分 | ×× | / | 非支配株主損益 | ×× |

「非支配株主損益」（非支配株主に帰属する当期純利益）は、連結損益計算書の当期純利益の内訳項目であり、利益剰余金の増減項目です。「非支配株主持分」は連結貸借対照表の純資産項目です。

親会社に帰属する金額と非支配株主に帰属する金額の両方をあわせた金額を当期純利益として表示し、その内訳として、「親会社に帰属する当期純利益」と「非支配株主に帰属する当期純利益」を表示します。

よって、連結貸借対照表の利益剰余金は、非支配株主損益を控除した残りの金額のみ、すなわち親会社に帰属する金額のみが表示されます。

それでは、簡単な設例を用いて確認しておきましょう。

設例2-5　当期純損益の按分

以下の前提条件に基づき、Ｘ１年度の連結消去・修正仕訳を示しなさい。

（前提条件）
・Ｘ０年度末にＰ社はＳ社の発行済株式総数の80％を800で取得し、連結子会社とした。

- 支配獲得時のS社純資産は、資本金500、資本剰余金500であった。
- X1年度のP社純資産は、資本金1,000、資本剰余金1,000、利益剰余金800（うち、当期純利益200）であった。
- X1年度のS社純資産は、資本金500、資本剰余金500、利益剰余金100（うち、当期純利益100）であった。
- P社、S社間の取引は上記以外生じていない。

解答2-5

〈X1年度〉
（連結消去・修正仕訳）
開始仕訳（支配獲得時の仕訳）

資本金	500	/	子会社株式	800
資本剰余金期首残高	500		非支配株主持分	200※

※ （500＋500）×20％＝200

当期純利益の按分

非支配株主損益	20	/	非支配株主持分	20

※ 100×20％＝20

[参考]
（連結損益及び包括利益計算書）一部

当期純利益		300[※1]
（内訳）		
親会社株主に帰属する当期純利益		280[※2]
非支配株主に帰属する当期純利益		20[※3]

※1　P社当期純利益200＋S社当期純利益100＝300
※2　P社当期純利益200＋S社当期純利益100×80％＝280
※3　S社当期純利益100×20％＝20

3．当期純損益の按分、配当金の振替、その他包括利益の按分、のれんの償却

（連結貸借対照表）一部

```
純資産の部
 資本金                    1,000 ※1
 資本剰余金                 1,000 ※1
 利益剰余金                   880 ※2
 非支配株主持分                220 ※3
```

※1　P社資本金、P社資本剰余金
※2　P社利益剰余金800＋S社取得後利益剰余金100×80％＝880
※3　S社純資産（500＋500＋100）×20％＝220

設例2-5を図解すると以下のようになります。

【図表2-9】　設例2-5の図解

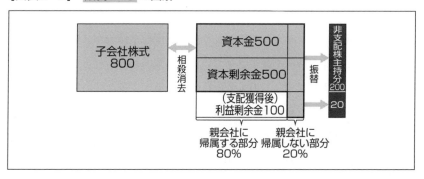

　支配獲得日の子会社の資本のうち、親会社に帰属しない部分は、開始仕訳で非支配株主持分に振り替えます。その後発生した利益剰余金は、当期純利益の按分により、非支配株主持分に振り替えます。結果として、連結貸借対照表の非支配株主持分の金額は、X1年度のS社資本のうちの20％となります。

（3）配当金の振替

　子会社において配当がある場合、親会社に帰属する部分は内部取引となるため、親会社が計上した受取配当金と、子会社が計上した支払配当金を消去する仕訳を行います。一方、親会社に帰属しない部分は、非支配株主持分に振り替えます。

－配当金の相殺消去－

| 受取配当金 | ×× | / | 支払配当金 | ×× |

－配当金の振替－

| 非支配株主持分 | ×× | / | 支払配当金 | ×× |

　上記の仕訳の意味を考えてみましょう。非支配株主持分が"借方"ということは、非支配株主持分を減少させています。配当が行われると、子会社の利益剰余金が減少します。100％子会社でない場合、子会社の利益剰余金の減少額の一部を、非支配株主に負担させるために、このような配当金の振替の仕訳を行う必要があるのです。

　上記2つの仕訳をあわせると、子会社で計上した支払配当金は、連結上、全額消去されることになります。結果として、連結上の支払配当金は、親会社で計上したもののみが残ることになります。

（4）その他の包括利益の按分

　子会社に係るその他の包括利益累計額（その他有価証券評価差額金、退職給付に係る調整累計額など）がある場合、利益剰余金と同様に、支配獲得日に計上されていた金額は、親会社の持分額とそれ以外に分け、親会社の持分額は投資勘定と相殺消去、それ以外の金額は非支配株主持分に振り替えます。

同様に、支配獲得後に生じた金額について、親会社の持分とならない金額を、非支配株主持分に振り替える仕訳が必要となります。

－その他の包括利益の按分－

その他有価証券評価差額金 ×× / 非支配株主持分 ××

※ 貸借が逆の場合もある。

それでは、簡単な設例で確認しておきましょう。

設例2-6　その他の包括利益の按分

以下の前提条件に基づき、X1年度の連結消去・修正仕訳を示しなさい。

（前提条件）

- X0年度末にP社はS社の発行済株式総数の80％を800で取得し、連結子会社とした。
- 支配獲得時のS社純資産は、資本金500、利益剰余金400、その他有価証券評価差額金100であった。
- 支配獲得時のS社の資産および負債の簿価は時価と同額であった。
- X1年度のP社純資産は、資本金1,000、資本剰余金1,000、利益剰余金500（うち、当期純利益200）、その他有価証券評価差額金300であった。
- X1年度のS社純資産は、資本金500、利益剰余金450（うち、当期純利益50）、その他有価証券評価差額金150であった。
- P社、S社間の取引は上記以外生じていない。

解答2-6

〈X1年度〉
(連結消去・修正仕訳)
開始仕訳(支配獲得時の仕訳)

借方		貸方	
資本金	500	子会社株式	800
利益剰余金期首残高	400	非支配株主持分	200※
その他有価証券評価差額金	100		

※ (500+400+100)×20%＝200

当期純利益の按分

借方		貸方	
非支配株主損益	10	非支配株主持分	10

※ 50×20%＝10

その他有価証券評価差額金の按分

借方		貸方	
その他有価証券評価差額金	10	非支配株主持分	10

※ (150－100)×20%＝10

[参考]
(連結損益及び包括利益計算書)一部

当期純利益	250※1
(内訳)	
親会社株主に帰属する当期純利益	240※2
非支配株主に帰属する当期純利益	10※3

※1　P社当期純利益200＋S社当期純利益50＝250
※2　P社当期純利益200＋S社当期純利益50×80%＝240
※3　S社当期純利益50×20%＝10

(連結貸借対照表)一部

純資産の部	
資本金	1,000※1
資本剰余金	1,000※1
利益剰余金	540※2
その他有価証券評価差額金	340※3
非支配株主持分	220※4

※1　P社資本金、P社資本剰余金

※2 P社利益剰余金500＋S社取得後利益剰余金50×80％＝540
※3 P社その他有価証券評価差額金300＋S社取得後その他有価証券評価差額金50×80％＝340
※4 S社純資産(500＋450＋150)×20％＝220

(5) のれんの償却

　前述の設例2-5および設例2-6は、説明を簡単にするためにのれんが発生してない例としていました。投資と資本の消去においてのれんが生じた場合は、発生後20年以内に、定額法などの合理的な方法によって償却する必要があります。

　－のれんの償却－

| のれん償却 | ×× | / | のれん | ×× |

　のれん償却は、連結損益計算書上、販売費及び一般管理費の区分に表示されます。また、月割計算しますので、期の途中から償却する場合には、当期に属する月数分を償却します。

確 認 問 題

　以下の前提条件に基づき、X1年度の連結消去・修正仕訳を示しなさい。

（前提条件）
- X0年度末にP社はS社の発行済株式総数の80％を900で取得し、連結子会社とした。
- 支配獲得時のS社純資産は、資本金500、利益剰余金400、その他有価証券評価差額金100であった。
- 支配獲得時のS社の資産および負債の簿価は時価と同額であった。
- X1年度のS社純資産は、資本金500、利益剰余金550（うち、当期純利益200、支払配当金50）、その他有価証券評価差額金50であった。
- のれんはX1年度より20年間で定額法により償却する。

解　答

(連結消去・修正仕訳)
開始仕訳（支配獲得時の仕訳）

資本金	500	子会社株式	900
利益剰余金期首残高	400	非支配株主持分	200[※2]
その他有価証券評価差額金	100		
のれん	100[※1]		

※1　900－（500＋400＋100）×80％＝100
※2　（500＋400＋100）×20％＝200

当期純利益の按分

| 非支配株主損益 | 40 | 非支配株主持分 | 40 |

※　200×20％＝40

配当金の消去および振替

| 受取配当金 | 40[※1] | 支払配当金 | 50 |
| 非支配株主持分 | 10[※2] | | |

※1　50×80％＝40
※2　50×20％＝10

その他有価証券評価差額金の按分

| 非支配株主持分 | 10 | その他有価証券評価差額金 | 10 |

※　（50－100）×20％＝△10

のれんの償却

| のれん償却 | 5 | のれん | 5 |

※　100÷20年＝5

　結果として、X1年度の連結貸借対照表に計上される非支配株主持分の金額は、220（上記仕訳の合計もしくは（500＋550＋50）×20％＝220）となります。

4 損益取引の消去、債権債務の消去、貸倒引当金の調整

(1) 内部取引の消去

　連結財務諸表は、支配従属関係にある2つ以上の企業からなる企業集団を、単一の組織体と（1つの会社のように）みなして、親会社が、当該企業集団の財政状態、経営成績、キャッシュ・フローの状況を総合的に報告するために作成するものです。

　よって、連結財務諸表を作成する上では、親会社と子会社、もしくは子会社間で行われた取引は、企業集団を1つの会社とみなした場合には内部の取引であるため、すべて消去する必要があります。

　ここでは、内部取引の消去（損益取引の消去、債権債務の消去）の仕訳と、これに伴う貸倒引当金の調整について、順番に確認していきたいと思います。

【図表2-10】　内部取引の消去

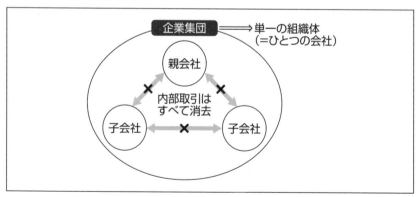

（2）損益取引の消去

損益取引の消去は、親会社と子会社、もしくは子会社間で行われた損益取引を消去する仕訳です。

具体的には以下のような取引があり、それぞれの会社で計上された収益と費用を取り消すための連結消去・修正仕訳が必要となります。

取引内容	収益側	費用側
営業取引	売上高	売上原価 販売費及び一般管理費
営業外取引	受取利息	支払利息
配当	受取配当金	支払配当金

それでは、簡単な数値例で確認しておきましょう。

設例2-7　損益取引の消去①

以下の前提条件に基づき、損益取引の消去仕訳を示しなさい。

（前提条件）

- P社はS社の発行済株式総数の80％を取得し、連結子会社としている。
- P社およびS社の損益計算書（一部）は以下のとおりである。

勘定科目	P社	S社	単純合算
売上高	(10,000)	(10,000)	(20,000)
売上原価	6,000	4,000	10,000
売上総利益	(4,000)	(6,000)	(10,000)

※　貸方はカッコを付けて示している。

- P社の売上高のうち、2,000（原価1,200）はS社に対するものである。

- S社の売上原価のうち、2,000はP社から仕入れたものである。なお、S社に在庫は存在していない。

解答2-7

（連結消去・修正仕訳）
| 売上高 | 2,000 / 売上原価 | 2,000 |

[参考]
（連結精算表）

勘定科目	単純合算	損益取引の消去	連結損益計算書
売上高	(20,000)	2,000	(18,000)
売上原価	10,000	(2,000)	8,000
売上総利益	(10,000)	0	(10,000)

※ 貸方はカッコを付けて示している。

【図表2-11】 損益取引の消去①

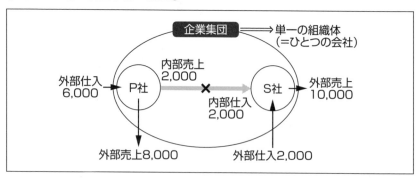

　親会社と子会社の財務諸表をまず合算した後、グループ内で行われた取引を消去することで、連結財務諸表上には、外部に対する取引高のみが計上されることになります。

4. 損益取引の消去、債権債務の消去、貸倒引当金の調整　115

それでは、少し応用して考えてみましょう。例えば、設例2−7において、子会社側では売上原価（仕入）ではなく、販売費及び一般管理費として計上していた場合には、どのような仕訳になるでしょうか。

設例2−8　損益取引の消去②

以下の前提条件に基づき、損益取引の消去仕訳を示しなさい。

（前提条件）
・P社はS社の発行済株式総数の80％を取得し、連結子会社としている。
・P社およびS社の損益計算書（一部）は以下のとおりである。

勘定科目	P社	S社	単純合算
売上高	(10,000)	(5,000)	(15,000)
売上原価	6,000	2,000	8,000
売上総利益	(4,000)	(3,000)	(7,000)
販売費及び一般管理費	1,000	2,000	3,000
営業利益	(3,000)	(1,000)	(4,000)

※　貸方はカッコを付けて示している。

・P社の売上高のうち、2,000（原価1,200）はS社に対するものである。
・S社の販売費及び一般管理費は、全額P社に対して支払ったものである。

では、グループの実態としてはどうあるべきかを考えてみましょう。

【図表2-12】 損益取引の消去②

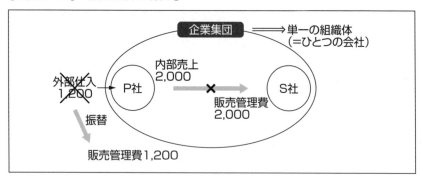

　【図表2-12】を見てください。この例では、P社では商品として仕入れ、S社に販売したものを、S社側では販売管理費として処理しています。企業集団をひとつの会社として考えた場合には、その商品は外部会社に売り上げたわけではないので、売上原価ではありません。

　よって、連結上ではP社とS社の損益取引を消去するとともに、P社で計上している売上原価を販売費及び一般管理費に振り替える仕訳が必要となります。

解答2−8

(連結消去・修正仕訳)

売上高	2,000	/	販売費及び一般管理費	2,000
販売費及び一般管理費	1,200	/	売上原価	1,200

[参考]
(連結精算表)

勘定科目	単純合算	損益取引の消去	連結損益計算書
売上高	(15,000)	2,000	(13,000)
売上原価	8,000	(1,200)	6,800
売上総利益	(7,000)	800	(6,200)
販売費及び一般管理費	3,000	(800)	2,200
営業利益	(4,000)	0	(4,000)

(3) 債権債務の消去

債権債務の消去は、親会社と子会社、もしくは子会社間の債権債務を消去する仕訳です。

具体的には以下のような債権債務があり、それぞれの会社で計上された債権と債務を取り消すための連結消去・修正仕訳が必要となります。

取引内容	債権側	債務側
営業取引	売掛金 未収入金	買掛金 未払金
財務取引	貸付金	借入金
経過勘定	未収収益 前払費用	未払費用 前受収益
投資取引	投資有価証券	社債

設例2-9　債権債務の消去

以下の前提条件に基づき、債権債務の消去仕訳を示しなさい。

（前提条件）
- P社はS社の発行済株式総数の80％を取得し、連結子会社としている。
- P社およびS社の貸借対照表（一部）は以下のとおりである。

勘定科目	P社	S社	単純合算
売掛金	4,000	1,000	5,000
買掛金	(2,000)	(2,000)	(4,000)

※　貸方はカッコを付けて示している。

- P社の売掛金のうち、S社に対するものは2,000である。
- S社の買掛金のうち、P社に対するものは2,000である。

解答2-9

（連結消去・修正仕訳）

| 買掛金 | 2,000 | / | 売掛金 | 2,000 |

損益取引の消去や債権債務の消去は、親会社と子会社、または子会社間でそれぞれ計上されている収益と費用、債権と債務を消去するだけなので、仕訳としてはさほど難しくはありませんね。ただ、実務上は、どの勘定科目でどれだけ内部取引高があるのかを把握し、差額が生じた場合には差額分析を行う必要があるため、子会社数が多くなるとかなりの作業量となります。

よって、子会社から正しい情報を入手するにはどうするか、また、消去差

額が生じた場合にはどのように調査や修正を行うかを事前に検討し、手順を確立しておくことがとても重要です。

(4) 貸倒引当金の調整

債権債務の消去を行った際、消去された債権に対して個別上で計上していた貸倒引当金を、連結上では取り消す仕訳も必要となります。

設例2-10　貸倒引当金の調整

設例2-9に加えて以下の追加条件を考慮し、貸倒引当金の調整仕訳を示しなさい。

（追加条件）
- P社およびS社は売掛金に対して、前期当期ともに期末残高の1％の貸倒引当金を計上している。
- P社の前期の売掛金のうち、S社に対するものは1,000であった。

解答2-10

（連結消去・修正仕訳）

開始仕訳

| 貸倒引当金 | 10 | / | 利益剰余金期首残高 | 10 |

※　1,000（前期末P社のS社向け売掛金）×1％＝10

当期仕訳

| 貸倒引当金 | 10 | / | 貸倒引当金繰入 | 10 |

※　2,000（当期末P社のS社向け売掛金）×1％－10＝10

[参考]
(連結精算表)

勘定科目	単純合算	債権債務の消去 貸倒引当金の調整	連結貸借対照表
売掛金	5,000	(2,000)	3,000
貸倒引当金	(50)※	20	(30)
買掛金	(4,000)	2,000	(2,000)
貸倒引当金繰入	××	(10)	××
利益剰余金期首残高	××	(10)	××

※ 5,000（売掛金期末残高）×1％＝50

　設例2-10の解答にあるとおり、貸倒引当金の調整は、利益剰余金に影響があるため、翌期の開始仕訳が必要となります。開始仕訳と当期仕訳とを合わせると、貸倒引当金20を調整したことになります。

確　認　問　題

　以下の前提条件に基づき、Ｘ１年度の損益取引の消去、債権債務の消去、貸倒引当金の調整仕訳を示しなさい。

（前提条件）
- Ｐ社はＳ社の発行済株式総数の80％を取得し、連結子会社としている。
- Ｐ社は当期の７月１日にＳ社に貸付5,000を行い、期末時点で全額短期貸付金として計上している。
- 利息は年６％とし、６月末と12月末に半年ずつ後払いの契約となっている。
- Ｐ社ではＳ社に対する受取利息225、未収利息75を計上している。
- Ｓ社も同様に、Ｐ社に対する短期借入金、支払利息、未払利息を計上している。
- Ｐ社はＳ社向けの短期貸付金に対し、当期に2,500の貸倒引当金を計上している。
- 前期末においてＰ社、Ｓ社間の債権債務は存在していない。
- Ｐ社、Ｓ社ともに決算日は３月末である。

解　答

(連結消去・修正仕訳)

損益取引の消去

| 受取利息 | 225 | / | 支払利息 | 225 |

※　5,000×6％×9か月／12か月＝225（問題文中の金額）

債権債務の消去

| 短期借入金 | 5,000 | / | 短期貸付金 | 5,000 |
| 未払利息 | 75 | / | 未収利息 | 75 |

※　5,000×6％×3か月／12か月＝75（問題文中の金額）

貸倒引当金の調整

| 貸倒引当金 | 2,500 | / | 貸倒引当金繰入 | 2,500 |

5 未実現損益の消去

(1) 未実現損益とは

　企業集団の内部において、ある会社が保有している資産を、別の会社に利益を付して売却し、買手側ではその資産が外部に売却されずに期末に残っている場合、買手側の資産に含まれている売手側が付した利益（または損失）のことを、「未実現利益（損失）」と呼びます。

　企業集団を１つの会社とみなした場合には、内部で資産が移動しただけなので、未実現利益は利益ではありません。よって、連結上では、未実現利益を消去するための連結消去・修正仕訳が必要となります。

【図表２−13】　未実現利益のイメージ

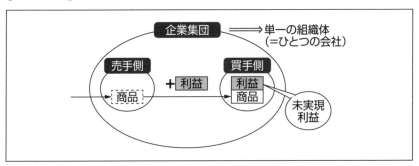

　なお、未実現損失の場合は、売手側の帳簿価額のうち回収不能と認められる部分は消去しないこととされています。

　それでは、未実現利益を前提として、具体的にどのような連結消去・修正仕訳が必要となるのか、順番に見ていきましょう。

（2）たな卸資産に含まれる未実現損益の消去

まず、たな卸資産に含まれている未実現利益の消去仕訳を確認していきましょう。

【図表2-14】　たな卸資産に含まれる未実現利益

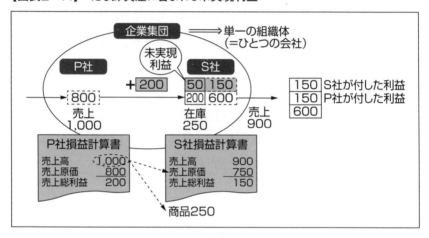

【図表2-14】は、当期にP社が原価800の商品を1,000でS社に販売した例となっています。S社では、P社から仕入れた商品のうち、750（P社の原価600）を外部会社に900で売却し、250（P社の原価200）が期末在庫として残っています。

P社の個別財務諸表には、利益（売上総利益）が200計上されています。しかしながら、P社が計上した利益のうち、一部はS社の在庫の中に含まれています。よって、P社とS社をひとつの会社とみなした場合には、S社の期末在庫に含まれているP社が付した利益は未実現であり、連結上は消去する必要があります。

(連結消去・修正仕訳)

未実現利益の消去

売上原価	50	/	商品	50

※ 250－200＝50（S社の期末在庫に含まれるP社の付した利益）

なお、損益取引消去仕訳は以下のとおりです。

(連結消去・修正仕訳)

損益取引の消去

売上高	1,000	/	売上原価	1,000

よって、連結精算表は以下のようになります。

【図表2-15】 【図表2-14】を前提とした連結精算表

勘定科目	P社	S社	合算	損益取引消去	未実現利益の消去	連結財務諸表
(貸借対照表)						
商品	－	250	250		(50)	200
⋮	⋮	⋮	⋮	⋮		⋮
利益剰余金	(200)	(150)	(350)		50	(300)
(損益計算書)						
売上高	(1,000)	(900)	(1,900)	1,000		(900)
売上原価	800	750	1,550	(1,000)	50	600
売上総利益	(200)	(150)	(350)	0	50	(300)

※ 貸方はカッコで表示している。
※ 便宜上、利益剰余金＝売上総利益としている。

【図表2-15】の連結財務諸表の売上高と売上原価を見てください。この例では、P社から外部会社への売上はなかったため、企業集団としての売上高は、全額S社が外部会社に売却したものだけとなっています。よって、S

社が外部会社に売却した商品の原価が連結上の売上原価です。連結上の売上原価は、P社が外部から仕入れたときの原価となり、結果として連結上の売上利益の中に、P社が付した利益とS社が付した利益が含まれていることになります。

（3）たな卸資産に含まれる未実現損益の実現

この未実現利益はいつ実現するのでしょうか。たな卸資産に含まれている未実現利益は、外部会社に売却されたときに実現します。それでは、翌年度の連結消去・修正仕訳を考えてみましょう。

【図表2-16】【図表2-14】の翌年度（個別）

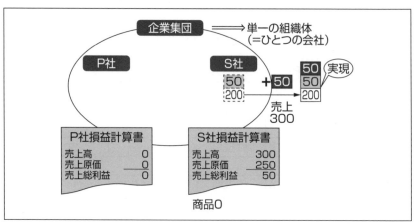

翌年度において、P社では仕入も売上も一切なく、S社が期首に保有していた商品を、外部会社に300で売却した取引だけだったとしましょう。

この時、個別財務諸表においては、P社の利益は0、S社の利益は50となっています。では、連結財務諸表ではどうあるべきでしょうか。

【図表2−17】 【図表2−14】の翌年度（連結）

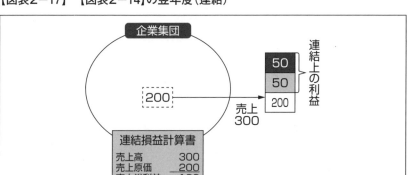

翌年度において、外部への売却は300ですので、連結上の売上高も300です（【図表2−17】）。連結上の売上原価は、Ｓ社の売上原価250ではなく、Ｐ社の利益50を控除した200が連結上の売上原価となります。結果として、連結上の利益は100となります。

連結上では、前期未実現利益が、当期売却によって実現したことになります。よって、連結消去・修正仕訳において、以下のような実現仕訳を行う必要があります。

（連結消去・修正仕訳）

開始仕訳（未実現利益の消去）

| 利益剰余金期首残高 | 50 | ／ | 商品 | 50 |

実現仕訳（未実現利益の消去）

| 商品 | 50 | ／ | 売上原価 | 50 |

翌期の連結精算表は以下のようになります。

【図表2-18】 【図表2-16】を前提とした連結精算表

勘定科目	P社	S社	合算	未実現利益の消去	連結財務諸表
（損益計算書）					
売上高	−	(300)	(300)		(300)
売上原価	−	250	250	(50)	200
売上総利益	−	(50)	(50)	(50)	(100)
（株主資本等変動計算書）一部					
利益剰余金期首残高	(200)	(150)	(350)	50	(300)
当期純利益	−	(50)	(50)	(50)	(100)
利益剰余金期末残高	(200)	(200)	(400)	0	(400)

※ 貸方はカッコで表示している。
※ 便宜上、利益剰余金＝前期末利益剰余金＋当期売上総利益としている。

　未実現利益は、未実現利益を含む資産が外部の第三者に売却されれば実現します。連結消去・修正仕訳では、いったん、前期末の在庫は全額売却されて未実現利益は実現したとみなして実現仕訳を行い、その後、期末在庫に含まれている未実現利益を消去します。

（4）固定資産に含まれる未実現損益の消去

　次に、固定資産に含まれている未実現利益の消去仕訳を確認していきましょう。

【図表2-19】 固定資産に含まれる未実現利益

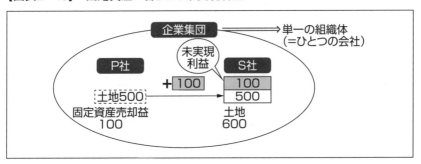

【図表2-19】は、P社が保有していた土地500をS社に600で売却したケースです。個別財務諸表では、P社は固定資産売却益100を計上し、S社は土地600を計上しています。

P社とS社をひとつの会社とみなした場合には、単に土地がP社からS社に移動しただけなので、P社が計上した「固定資産売却益」は連結上では利益ではありません。よって、S社の土地600に含まれているP社が付した利益を消去するための、連結消去・修正仕訳が必要となります。

(連結消去・修正仕訳)

未実現利益の消去

固定資産売却益	100	/	土地	100

なお、未実現利益を消去することで、当期末の利益剰余金が減少します。よって、翌期首の利益剰余金を当期末の利益剰余金と一致させるために、翌期の開始仕訳が必要となります。

(連結消去・修正仕訳)

開始仕訳(未実現利益の消去)

利益剰余金期首残高	100	/	土地	100

(5) たな卸資産を固定資産として購入した場合

【図表2-20】 たな卸資産を固定資産として購入した場合

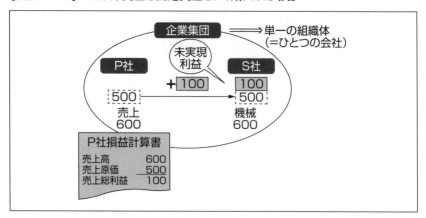

【図表2-20】は、売手側の会社ではたな卸資産としていたものが、買手側では固定資産として計上されているケースです。このケースは、グループ内のある会社が製造した製品を、別のグループ会社が購入し、機械として利用している場合などが該当します。

この場合も、買手側の固定資産に含まれている売手側が付した利益は未実現利益となりますので、連結上は消去する必要があります。この時、売手側では、たな卸資産を売却したわけですから、売上高と売上原価が計上されています。よって、売手側で計上した売上高と売上原価を消去するとともに、そこで付した利益を固定資産から控除する仕訳が必要となります。

(連結消去・修正仕訳)

未実現利益の消去

売上高	600	売上原価	500
		機械	100

翌期の開始仕訳は以下のようになります。

(連結消去・修正仕訳)

開始仕訳(未実現利益の消去)

| 利益剰余金期首残高　　100 | / | 機械　　　　　　　　100 |

(6) 減価償却による実現仕訳

建物や機械などの償却性資産に含まれる未実現利益を消去した場合、減価償却によって未実現利益の一部が実現します。

【図表2-21】　減価償却による実現のイメージ

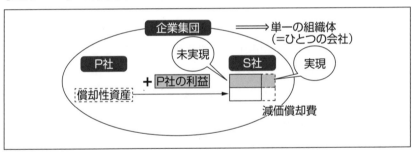

たな卸資産の場合、売却という行為によって資産が「売上原価」という費用となり、それに見合う収益が計上されることによって、たな卸資産に含まれていた未実現利益が実現しました。

償却性資産の場合、減価償却という処理により、資産が「減価償却費」という費用となります。よって、減価償却費に含まれていた未実現利益が実現することになるのです。

それでは、簡単な設例で確認してみましょう。

設例2-11　固定資産に含まれる未実現利益の実現①

以下の前提条件に基づき、X1年度の未実現利益の消去と減価償却による実現仕訳を示しなさい。

（前提条件）
・P社はS社の発行済株式総数の80％を取得し連結子会社としている。
・X0年度末に、P社は機械（簿価500）をS社に600で売却し、固定資産売却益100を計上した。
・X1年度末において、S社は上記機械を保有しており、残存価額0、耐用年数10年、定額法により減価償却を行っている。

X0年度末に発生した未実現利益なので、X1年度においては、開始仕訳が必要となります。前期末（当期首）の利益剰余金を減少させるとともに、機械に含まれている未実現利益を消去します。

未実現利益の消去によって、連結上の機械の簿価は、600ではなく500に修正されますので、これに対応する減価償却費も調整する必要があります。

具体的には、個別上で計上した減価償却費60（600÷10年）を連結上のあるべき減価償却費50（500÷10年）に修正するために減価償却費の調整仕訳が必要となるのです。

解答2-11

（連結消去・修正仕訳）
開始仕訳（未実現利益の消去）

| 利益剰余金期首残高 | 100 | / | 機械 | 100 |

5. 未実現損益の消去　133

当期仕訳（未実現利益の消去に伴う減価償却費の調整）

| 減価償却累計額 | 10 | / | 減価償却費 | 10 |

※　60−50＝10　または　100÷10年＝10

この結果、連結精算表は次のようになります。

【図表2−22】 設例2−11 を前提とした連結精算表

勘定科目	P社	S社	単純合算	開始仕訳	当期仕訳	連結財務諸表
(貸借対照表)						
機械	−	600	600	(100)		500
減価償却累計額		(60)	(60)		10	(50)
⋮	⋮	⋮	⋮			⋮
利益剰余金	(300)	(150)	(450)	100	(10)	(360)
(損益計算書)						
減価償却費	−	60	60		(10)	50
⋮	⋮	⋮	⋮			⋮
当期純利益	(200)	(150)	(350)		(10)	(360)
(株主資本等変動計算書)一部						
利益剰余金期首残高	(100)	−	(100)	100		−
当期純利益	(200)	(150)	(350)		(10)	(360)
利益剰余金期末残高	(300)	(150)	(450)	100	(10)	(360)

※　貸方はカッコで表示している。
※　当期純利益、利益剰余金には便宜上、適当な金額を付している。

【図表2−22】の貸借対照表の利益剰余金を見てください。開始仕訳において、当初の未実現利益100が消去され、そのうち減価償却費の調整で10が実現し、結果として期末の利益剰余金の金額は、単純合算の金額から90（100−10）を控除した金額となっていることが分かります。

よって、翌期の開始仕訳は以下のようになります。

(連結消去・修正仕訳) X2年度

開始仕訳(未実現利益の消去)

| 利益剰余金期首残高 | 90 | / | 機械 | 100 |
| 減価償却累計額 | 10 | | | |

【図表2-23】 設例2-11の図解

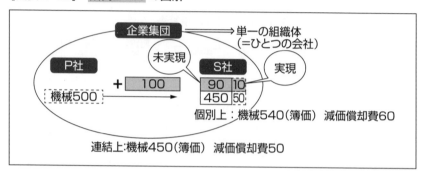

(7) 売却による実現仕訳

当該固定資産を外部の第三者に売却することによっても未実現利益は実現します。

設例2-12 固定資産に含まれる未実現利益の実現②

以下の前提条件に基づき、X2年度の未実現利益の消去と減価償却及び売却による実現仕訳を示しなさい。

(前提条件)

・P社はS社の発行済株式総数の80%を取得し連結子会社としている。

・X0年度末に、P社は機械(簿価500)をS社に600で売却し、固定資産売却益100を計上した。

- X2年度末において、S社は上記機械を連結外部の会社に550で売却した（固定資産売却益70を計上）。
- S社は当該機械について、残存価額0、耐用年数10年、定額法により減価償却を行っている。

まず、売却直前までの連結消去・修正仕訳を見てみましょう。

解答2-12

（連結消去・修正仕訳）X2年度
開始仕訳（未実現利益の消去）

利益剰余金期首残高	90	機械	100
減価償却累計額	10		

当期仕訳（未実現利益の消去に伴う減価償却費の調整）

減価償却累計額	10	減価償却費	10

※ 60-50=10 または 100÷10年=10

X2年末に連結外部の会社に売却したので、売却によって、X2年末時点の未実現利益が全額実現することになります。

売却によって未実現利益が実現した場合の連結消去・修正仕訳は以下のようになります。

【図表2−24】 設例2−12 の図解

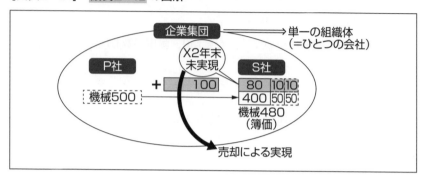

（連結消去・修正仕訳）X2年度

当期仕訳（売却による未実現利益の実現仕訳）

機械	100	減価償却累計額	20[※1]
		固定資産売却益	80[※2]

※1　100÷10年×2年＝20
※2　貸借差額（X2年末の未実現利益）

　上記の連結消去・修正仕訳を行った結果、連結上の固定資産売却益は150（個別上の売却益70＋連結消去・修正仕訳80、または、売却価額550−連結上の簿価400）となります。

5. 未実現損益の消去

【図表2-25】 設例2-12 を前提とした連結精算表

勘定科目	P社	S社	単純合算	開始仕訳	当期仕訳	連結財務諸表
(貸借対照表)						
機械	−	−	−	(100)	100	−
減価償却累計額		−	−	10	10 (20)	−
⋮	⋮	⋮	⋮			⋮
利益剰余金	(400)	(200)	(600)	90	(90)	(600)
(損益計算書)						
減価償却費	−	60	60		(10)	50
固定資産売却益	−	(70)	(70)		(80)	(150)
⋮	⋮	⋮	⋮			⋮
当期純利益	(100)	(50)	(150)		(90)	(240)
(株主資本等変動計算書)一部						
利益剰余金期首残高	(300)	(150)	(450)	90		(360)
当期純利益	(100)	(50)	(150)		(90)	(240)
利益剰余金期末残高	(400)	(200)	(600)	90	(90)	(600)

※ 貸方はカッコで表示している。
※ 当期純利益、利益剰余金には便宜上、適当な金額を付している。

(8) ダウンストリームとアップストリーム

親会社（資本上位会社）から子会社（資本下位会社）への資産の売却を「ダウンストリーム」、子会社（資本下位会社）から親会社（資本上位会社）への資産の売却を「アップストリーム」と呼びます。

【図表2-26】 アップストリームとダウンストリーム

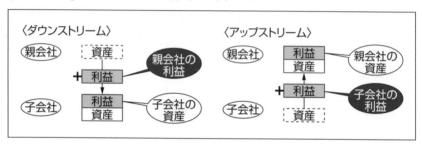

アップストリームとダウンストリームのケースでは、それぞれ何が異なっているでしょうか。

どちらのケースであっても、期末の資産に含まれている未実現利益は連結上消去する必要があります。それぞれで異なる点は、"誰の"利益が未実現かという点です。

「ダウンストリーム」の場合は、親会社の利益が未実現、「アップストリーム」の場合は、子会社の利益が未実現となっていますね。よって、「アップストリーム」で、子会社に親会社以外の株主（非支配株主）が存在する場合は、消去した未実現利益を非支配株主持分に按分するための仕訳も必要となります。

【図表2-27】は、「アップストリーム」のケースです。P社の期末商品に含まれているS社が付した利益は、連結上消去する必要があります。

5. 未実現損益の消去

【図表2-27】 たな卸資産に含まれる未実現利益

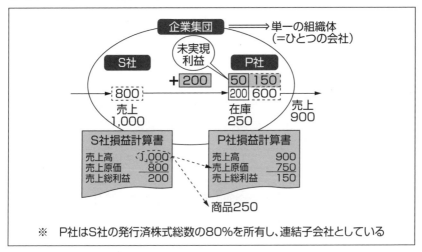

また、S社の利益のうち一部（20%）は非支配株主の持分です。よって、当期純利益の按分と同様に、未実現利益についても、親会社持分以外の部分を非支配株主に負担させるための仕訳が必要となります。

（連結消去・修正仕訳）未実現利益の消去

売上原価	50※1	/	商品	50※1
非支配株主持分	10※2	/	非支配株主損益	10※2

※1　250×20%（S社の利益率）＝50
※2　50×20%（非支配株主持分比率）＝10

上記の仕訳を見てください。P社の期末商品に含まれている未実現利益50を消去するとともに、そのうちの親会社持分以外の金額10を、非支配株主持分へ按分します。結果として、親会社で負担する未実現利益の金額は、40（50×80%）となります。この方法を「全額消去・持分比率負担方式」と呼びます。では、翌期の開始仕訳と実現仕訳も確認しておきましょう。

(連結消去・修正仕訳)未実現利益の消去
開始仕訳

利益剰余金期首残高	50	/	商品	50
非支配株主持分	10	/	利益剰余金期首残高	10

実現仕訳

商品	50	/	売上原価	50
非支配株主損益	10	/	非支配株主持分	10

　実現仕訳において、実現した金額のうち、親会社持分以外の金額は非支配株主持分に按分します。

確 認 問 題

【問題1】 P社からS社へ商品を売却しているケース（ダウンストリーム）

> 以下の前提条件に基づき、X1年度の未実現利益の消去仕訳を示しなさい。
>
> （前提条件）
> - P社はS社の発行済株式総数の80％を取得し連結子会社としている。
> - X1年度のP社売上高のうち、S社に対するものは1,500であった。
> - X0年度およびX1年度のS社期末商品に含まれているP社の利益は、それぞれ100、150であった。

【問題2】 S社からP社へ商品を売却しているケース（アップストリーム）

> 以下の前提条件に基づき、X1年度の未実現利益の消去仕訳を示しなさい。
>
> （前提条件）
> - P社はS社の発行済株式総数の80％を取得し連結子会社としている。
> - X1年度のS社売上高のうち、P社に対するものは1,500であった。
> - X0年度およびX1年度のP社期末商品に含まれているS社の利益は、それぞれ100、150であった。

解 答

【解答1】 P社からS社へ商品を売却しているケース(ダウンストリーム)

(連結消去・修正仕訳) 未実現利益の消去			
開始仕訳			
利益剰余金期首残高	100 / 商品		100
実現仕訳			
商品	100 / 売上原価		100
当期仕訳			
売上原価	150 / 商品		150

　まず、前期未実現利益の消去金額を引き継ぐために開始仕訳を行います。前期に未実現利益を消去したことにより、単純合算後の利益剰余金よりも連結上の利益剰余金が小さくなっているため、借方:利益剰余金期首残高(利益剰余金期首残高からマイナス)として開始仕訳を行います。

　前期の未実現利益は、いったんすべて実現したものとみなして実現仕訳を行います。その後、期末商品に含まれている未実現利益を消去します。

　結果として、当期の連結貸借対照表の商品から控除される未実現利益は、期末の商品に含まれている未実現利益150となります。また、当期の連結損益計算書上の売上原価は、前期末の未実現利益が実現することで、売上原価は減少(利益は増加)し、期末の未実現利益を消去することで、売上原価は増加(利益は減少)します。

5. 未実現損益の消去　143

【解答2】　S社からP社へ商品を売却しているケース（アップストリーム）

（連結消去・修正仕訳）未実現利益の消去

開始仕訳

利益剰余金期首残高	100	/	商品	100
非支配株主持分	20※	/	利益剰余金期首残高	20※

※　100×20％＝20

実現仕訳

商品	100	/	売上原価	100
非支配株主損益	20	/	非支配株主持分	20

当期仕訳

売上原価	150	/	商品	150
非支配株主持分	30※	/	非支配株主損益	30※

※　150×20％＝30

　アップストリームの場合は、子会社の利益が未実現なので、100％子会社でない場合には、未実現利益のうち、親会社の持分以外の金額を非支配株主持分に按分する仕訳が必要となります。

　まず、前期未実現利益の消去金額を引き継ぐために開始仕訳を行います。前期末の未実現利益は100なので、この金額は前期末商品から控除します。このうち、20（100×20％）は非支配株主持分に振り替えますので、その分は非支配株主持分から控除します。結果として、開始仕訳の「利益剰余金期首残高」は80（100－20）となります。

　前期の未実現利益は、いったんすべて実現したものとみなして実現仕訳を行います。前期末商品に含まれている未実現利益は、「売上原価」に振り替えます。非支配株主持分に按分した金額は、「非支配株主損益」に振り替えます。

その後、期末商品に含まれている未実現利益を消去します。期首商品に含まれている未実現利益と同様に、期末商品に含まれている未実現利益のうち、親会社の持分以外の金額を非支配株主持分に按分します。

6 連結手続上の税効果

(1) 連結手続上の税効果とは

　連結手続上の税効果とは、連結財務諸表の作成手続において、連結財務諸表固有の一時差異に係る税金の額を期間配分する手続のことをいいます。

　個別財務諸表においては、個別上の税効果会計を適用することで、税引前当期純利益と税金費用が合理的に対応します。連結財務諸表の作成は、個別財務諸表を合算することから始めるため、個別上の税効果会計を適用していれば、単純合算した個別上の利益と税金費用は、合理的に対応しています。しかしながら、連結消去・修正仕訳において、利益（資産・負債）に影響を及ぼすような仕訳を行った場合、その仕訳だけですと、連結上の利益と税金費用が対応しなくなってしまいます。

　よって、連結手続上、その利益（資産・負債）への影響額が連結財務諸表固有の一時差異に該当する場合には、連結手続上の税効果の仕訳も必要となるのです。

【図表2-28】 連結手続上の税効果会計のイメージ

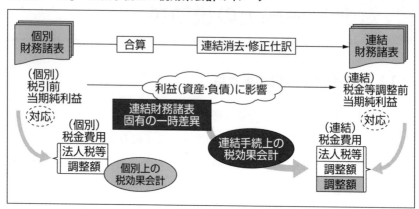

※ 拙著「図解&設例 連結会計の基本と実務が分かる本」(中央経済社) より抜粋

(2) 連結財務諸表固有の一時差異とは

連結財務諸表固有の一時差異とは、連結消去・修正仕訳によって、連結上の資産または負債の金額と、個別上の資産または負債の金額とに差異が生じることにより発生するもので、次のようなものがあります。

連結財務諸表固有の一時差異の例示

① 資本連結に際し、子会社の資産および負債の時価評価による評価差額

② 連結会社相互間の取引から生じる未実現損益の消去額

③ 連結会社相互間の債権と債務の相殺消去による貸倒引当金の減額修正額

④ 連結上の会計方針の統一を連結手続上で行った場合に、連結上の資産額(負債額)が個別上の当該資産額(負債額)と相違するときの当該差異

⑤ 連結財務諸表に合算される子会社の純資産の親会社持分額およびのれんの未償却残高の合計額と、親会社の個別上の投資簿価との差額

上記の例示のうち、ここでは②の未実現損益の消去に係る税効果と、③の貸倒引当金の調整に係る税効果について、詳しく見ていきましょう。

（3）未実現損益の消去に係る税効果

連結手続上で未実現利益を消去した場合、連結上の利益は、個別上の利益を合算した金額よりも未実現利益の分だけ小さくなります。貸借対照表側で考えると、連結上の資産は、個別上の資産を合算した金額よりも小さくなります。

また、未実現利益が実現した期においては、連結上の利益は個別上の利益を合算した金額よりも大きくなります。

【図表2-29】 未実現利益に係る税効果

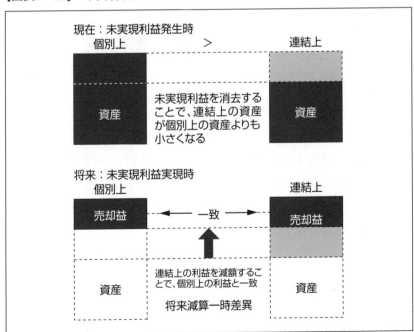

では、この場合の税金費用について、考えてみましょう。個別財務諸表上では、資産を売却した際に売却した会社側の利益に対して課税され、法人税等が計上されます。よって、この利益の一部が未実現利益である場合、連結手続上、未実現利益だけを消去してしまうと、連結上の利益と税金費用が対応しなくなってしまいます(【図表2-30】参照)。

【図表2-30】 未実現利益の消去(税効果を考慮しなかった場合)

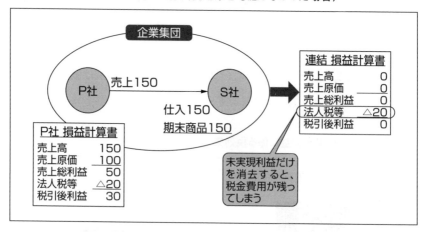

また、この未実現利益が実現した期においては、未実現利益を含む資産を売却した会社側で、その期に計上した個別上の利益に対して課税されますが、この時課税される利益の中には未実現利益は含まれていません。

よって、連結手続上で未実現利益の実現仕訳だけを行うと、これに対する税金費用が計上されず、この期においても連結上の利益と税金費用とが対応しなくなってしまいます(【図表2-31】参照)。

【図表2-31】 未実現利益の実現（税効果を考慮しなかった場合）

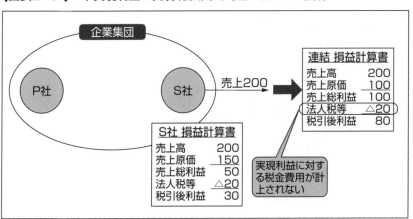

　よって、連結手続上、未実現利益の消去に係る税効果を認識することで、未実現利益が消去された期および未実現利益が実現した期のそれぞれにおいて、連結上の利益と税金費用が対応することになるのです。

　それでは、簡単な数値例で具体的な仕訳を見てみましょう。

設例2-13　未実現利益の消去に係る税効果

　以下の前提条件に基づき、未実現利益の消去とそれに伴う税効果仕訳を示しなさい。

（前提条件）
- P社はS社を連結子会社としている。
- 当期のP社のS社向け売上高およびS社のP社仕入高は500である。
- S社の期末商品のうち、P社から仕入れたものは300（P社の原価150）である。
- S社の期首商品は存在しない。
- P社とS社の実効税率はともに30％である。

解答2-13

(連結消去・修正仕訳)
未実現利益の消去

| 売上原価 | 150 | / | 商品 | 150 |

※ 300－150＝150

未実現利益の消去に係る税効果

| 繰延税金資産 | 45 | / | 法人税等調整額 | 45 |

※ 150×30％＝45

未実現利益の消去に伴い、連結財務諸表固有の一時差異が生じます。よって、連結手続上、この一時差異に対する税効果を認識します。

具体的には、未実現利益の消去に伴い連結上の利益が減少するため、それに対応する税金費用を減少させるために、貸方に「法人税等調整額」を計上し、相手科目には「繰延税金資産」を計上します。

それでは、翌期の開始仕訳と実現仕訳も見ておきましょう。

(連結消去・修正仕訳)
－開始仕訳－

未実現利益の消去

| 利益剰余金期首残高 | 150 | / | 商品 | 150 |

未実現利益の消去に係る税効果

| 繰延税金資産 | 45 | / | 利益剰余金期首残高 | 45 |

－実現仕訳－

未実現利益の消去

| 商品 | 150 | / | 売上原価 | 150 |

未実現利益の消去に係る税効果

| 法人税等調整額 | 45 | / | 繰延税金資産 | 45 |

なお、未実現利益の消去に伴う税効果は、個別上で計上した法人税等を、連結上では実現した期に繰り延べるという考え方で行うため、売却側で法人税等を計上した際の税率で税効果金額を計算します。よって、この設例の場合には、P社の売却時の実効税率30％を用いて計算します。

（4）貸倒引当金の調整に係る税効果

連結手続上、貸倒引当金を調整した場合、未実現利益の消去と同様に、単純合算した利益と連結上の利益に差が生じます。

（連結消去・修正仕訳）

貸倒引当金の調整

貸倒引当金	××	/	貸倒引当金繰入	××

上記のように、連結消去・修正仕訳において貸倒引当金の調整を行うと、連結上の利益が個別上の利益を合算した金額よりも大きくなります。よって、連結手続上、これに対応する税金費用も調整する必要があります。

（連結消去・修正仕訳）

貸倒引当金の調整に係る税効果

法人税等調整額	××	/	繰延税金負債	××

確 認 問 題

　以下の前提条件に基づき、貸倒引当金の調整仕訳とそれに伴う税効果仕訳を示しなさい。

（前提条件）
- P社はS社を連結子会社としている。
- 当期末のP社のS社向け債権残高およびS社のP社向け債務残高は10,000である。
- P社は上記のS社向け債権残高に対して、2％の貸倒引当金を計上している。
- 前期末の内部の債権債務残高は生じていない。
- P社とS社の実効税率はともに30％である。

解　答

（連結消去・修正仕訳）
貸倒引当金の調整

| 貸倒引当金 | 200 | / | 貸倒引当金繰入 | 200 |

※　10,000×2％＝200

貸倒引当金の調整に伴う税効果仕訳

| 法人税等調整額 | 60 | / | 繰延税金負債 | 60 |

※　200×30％＝60

　連結消去・修正仕訳において、債権債務を消去した際、消去された債権に対して個別上で貸倒引当金を計上していた場合には、これを取り消す仕訳も必要となります。この貸倒引当金の調整を行うと、個別上で計上した貸倒引当金繰入を取り消すことになるため、個別上の利益よりも連結上の利益の方が大きくなります。一方、将来この貸倒引当金の戻入があると、その分、個別上の利益よりも連結上の利益の方が小さくなります。

　このように貸倒引当金の調整を行うと、個別上の利益と連結上の利益とに認識期間のずれが生じるため、当期に貸倒引当金繰入を減少させた分に対応する税金費用を「法人税等調整額」として計上するとともに、「繰延税金負債」として翌期以降に繰り延べる必要があるのです。

　なお、連結貸借対照表において、「繰延税金負債」は、納税主体ごとに「繰延税金資産」と相殺して表示します。

7 持分法

（1）持分法とは

　持分法とは、投資会社が被投資会社の資本および損益のうち投資会社に帰属する部分の変動に応じて、その投資の額を連結決算日ごとに修正する方法のことをいいます。

　非連結子会社や関連会社に対する投資勘定については、原則として持分法を適用する必要があります。

【図表2-32】　持分法の適用範囲

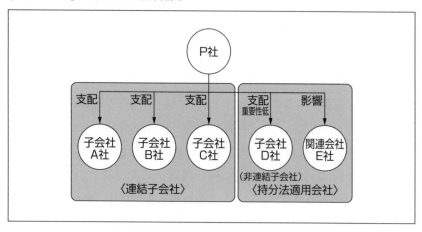

　非連結子会社とは、子会社ではあるけれども重要性が低いなどの理由で連結の範囲に含めなかった会社をいいます。関連会社とは、子会社のように意思決定機関を支配しているわけではありませんが、議決権の20％以上を所有している会社や、20％未満であっても財務・営業・事業の方針決定に関して、何らかの影響を及ぼすことができる会社のことをいいます。

連結の範囲の決定と同様に、関連会社に該当するかどうかを判定し、関連会社に該当する場合には、原則として持分法を適用する必要があります。

（2）連結と持分法の違い

持分法の具体的な仕訳を確認する前に、連結と持分法の違いを簡単に見ておきましょう。

連結は、各社の個別財務諸表をまず合算し、その後、不要なものを消去して作成する手順でした。一方、持分法は、持分法適用会社の個別財務諸表は合算しません。合算しないので、投資と資本の相殺消去や内部取引の相殺消去は行いません。その代わり、持分法適用会社の損益のうち、投資会社の持分相当額だけを連結財務諸表に反映させるための仕訳を行います。

【図表2-33】 連結と持分法の違い（イメージ）

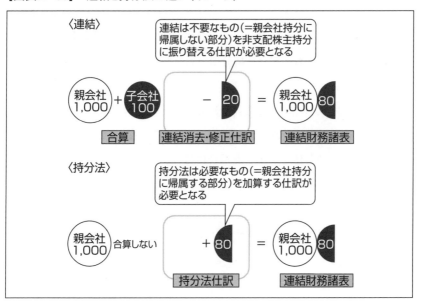

【図表2-33】は当期純利益の按分をした時のイメージです。連結の場合は、まず親会社の当期純利益と子会社の当期純利益を合算します。その後、子会社の当期純利益のうち、親会社の持分以外の金額を非支配株主持分に振り替えます。結果として連結上の親会社株主に帰属する当期純利益は親会社の当期純利益と子会社の当期純利益のうちの親会社持分の合計額となります。

では、持分法を見てみましょう。持分法では、個別財務諸表の合算は行わず、持分法適用会社の当期純利益のうち、親会社の持分相当額を取り込むための仕訳を行います。

（持分法仕訳）

関連会社株式 ×× / 持分法による投資損益 ××

※ 当期純損失の場合は、貸借が逆の仕訳となる。

上記仕訳を見てください。持分法の場合、「持分法による投資利益（または損失）」（営業外損益）という科目を利用して、連結損益計算書に持分法適用会社の当期純利益のうちの親会社持分相当額を取り込むとともに、その金額を投資勘定に加算（または減算）します。

【図表2-33】の連結の場合と持分法の場合との連結財務諸表を比較してみましょう。連結財務諸表の金額は、同額になっていることがわかりますね。

このように、持分法を適用した場合には、持分法による投資利益（または損失）を利用して連結損益計算書に持分法適用会社の損益を取り込むため、一行連結といわれています。

それでは、連結と持分法それぞれの仕訳を具体的に見ていきましょう。

設例2−14　連結と持分法の違い

以下の前提条件に基づき、①連結した場合の仕訳と②持分法を適用した場合の仕訳をそれぞれ示しなさい。

（前提条件）
- P社はS社の発行済株式総数の80％を80で取得した。
- 株式取得時のS社の資本勘定は資本金100であった。
- １年後のS社の資本勘定は資本金100、利益剰余金10（当期純利益）であった。

① 連結した場合

（連結消去・修正仕訳）

支配獲得時の仕訳

資本金	100	S社株式	80
		非支配株主持分	20

当期純利益の按分

非支配株主損益	2	非支配株主持分	2

※　当期純利益10×20％＝2（親会社持分以外）

連結した場合を図解すると【図表2−34】のようになります。

【図表2-34】 連結した場合

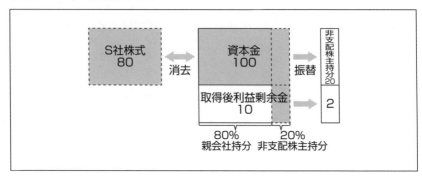

② 持分法の場合

(持分法仕訳)

支配獲得時（株式取得時）の仕訳

――仕訳なし――

当期純利益の認識

| S社株式 | 8 | / | 持分法による投資利益 | 8 |

※ 当期純利益10×80％＝8（親会社持分）

　持分法の場合は、合算しないので投資と資本の消去は行いません。よって、株式取得時の仕訳はありません。持分法を図解すると【図表2-35】のようになります。

【図表2-35】 持分法の場合

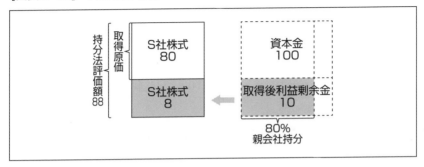

　持分法仕訳を行った結果、投資勘定は取得原価ではなく、持分法評価額（取得原価＋取得後剰余金×持分比率）となります。

（3）のれんが発生する場合

　親会社（投資会社）の投資とこれに対応する持分法適用会社の資本との間に差額がある場合には、当該差額はのれんまたは負ののれんとし、のれんは投資に含めて処理します。

　のれんは、子会社の場合と同様に、原則として、その計上後20年以内に、定額法その他合理的な方法によって償却しなければなりません。ただし、重要性が乏しい場合には、のれんが生じた期の損益として処理することができます。

　それでは、簡単な設例で仕訳を確認してみましょう。

設例2-15　のれんがある場合（持分法）

　以下の前提条件に基づき、当期の持分法仕訳を示しなさい。

（前提条件）

- P社は当期首にA社の発行済株式総数の20％を60で取得し、持分法適用会社とした。
- 株式取得時（当期首）のA社の資本勘定は資本金100、利益剰余金100であった。
- 当期末のA社の資本勘定は資本金100、利益剰余金150（うち、当期純利益50）であった。
- のれんは当期から5年間で定額法により償却する。

解答2-15

（持分法仕訳）

株式取得時の仕訳
――仕訳なし――
※ ただし、のれんは以下のように認識する。
60－（100＋100）×20％＝20（のれん）

当期純利益の認識

関連会社株式	10	持分法による投資利益	10

※ 当期純利益50×20％＝10（親会社持分）

のれんの償却

持分法による投資利益	4	関連会社株式	4

※ のれん20÷5年＝4（親会社持分）

持分法適用会社ののれんは、投資勘定に含まれています。よって、のれんの償却仕訳は投資勘定に含まれているのれんのうち当期償却額を投資勘定から減少させるとともに、相手科目は持分法による投資利益から控除します。結果として、当期の連結損益計算書に計上される持分法による投資利益は6（10－4）となります。また、連結貸借対照表に計上される投資勘定は66（60＋10－4）となります。

【図表2-36】 のれんがある場合(持分法)

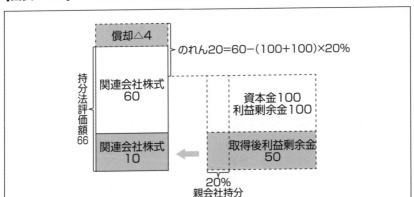

(4) 評価・換算差額等を計上している場合

持分法適用会社が、その他有価証券評価差額金などの評価・換算差額等を計上している場合、利益剰余金(当期純利益)と同様に、持分法適用日以降における持分法適用会社の評価・換算差額等の親会社(投資会社)の持分相当額を投資勘定に加算または減算します。

(持分法仕訳)

その他有価証券評価差額金の認識

| 関連会社株式 | ×× / その他有価証券評価差額金 | ×× |

なお、この仕訳で取り込んだ金額は、連結包括利益計算書または連結損益及び包括利益計算書上のその他の包括利益においては、持分法を適用する被投資会社のその他の包括利益に対する投資会社の持分相当額として一括して区分表示し、連結貸借対照表上においては、その他包括利益累計額に含めて表示します。

(5) 未実現損益の消去額の計算

連結の場合と同様に、持分法適用会社との間で未実現損益が生じている場合、未実現損益を消去する仕訳が必要となります。

持分法の場合の未実現損益消去額は、生じた未実現損益が連結会社（親会社または連結子会社）の利益なのか、持分法適用会社の利益なのか、また、持分法適用会社が非連結子会社か関連会社かによって計算が異なります。

【図表2-37】 未実現損益額の計算

	非連結子会社	関連会社
連結会社の利益（ダウンストリーム）	全額消去	持分相当額のみ消去
持分法会社の利益（アップストリーム）	持分相当額のみ消去	持分相当額のみ消去

【図表2-37】を見てください。持分法適用非連結子会社との間に生じた未実現損益は、ダウンストリームの場合には、全額消去し、アップストリームの場合には持分相当額のみを消去します。

持分法適用関連会社との間に生じた未実現損益は、ダウンストリーム、アップストリームどちらの場合においても持分相当額のみを消去します。

(6) 持分法の場合の未実現損益消去仕訳

それでは具体的な仕訳を見ていきましょう。持分法の場合、ダウンストリームかアップストリームかで未実現損益の消去仕訳が異なります。

【図表2-38】 ダウンストリームとアップストリーム（持分法）

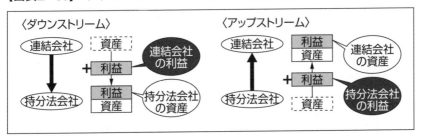

① ダウンストリームの場合

ダウンストリームの場合は、持分法適用会社の資産に含まれる連結会社の利益が未実現利益となっています。持分法適用会社の個別財務諸表は合算していないため、持分法適用会社の資産から未実現利益を直接控除することはできません。

よって、連結会社の収益（売上高、固定資産売却益等）を消去するとともに、持分法適用会社に対する投資勘定（関連会社株式等）から消去します。

（持分法仕訳）

ダウンストリームの場合－原則法－

| 売上高 | ×× | / | 関連会社株式 | ×× |

なお、利害関係者の判断を著しく誤らせない場合には、連結会社の収益ではなく「持分法による投資利益」を利用することもできます。

（持分法仕訳）

ダウンストリームの場合－簡便法－

| 持分法による投資利益 | ×× | / | 関連会社株式 | ×× |

また、100％子会社でない連結子会社の利益が未実現の場合、上記仕訳に加えて非支配株主持分へ按分する仕訳も必要となります。

（持分法仕訳）

ダウンストリームの場合－原則法－

売上高	××	/	関連会社株式	××
非支配株主持分	××	/	非支配株主損益	××

（持分法仕訳）

ダウンストリームの場合－簡便法－

持分法による投資利益	××	/	関連会社株式	××
非支配株主持分	××	/	非支配株主損益	××

それでは、簡単な設例で見てみましょう。

設例2－16　持分法の未実現損益消去仕訳①－1

以下の前提条件に基づき、持分法の未実現損益消去に関する仕訳を示しなさい。

（前提条件）
- P社はA社の発行済株式総数の40％を取得し持分法適用会社としている。
- 当期のA社期末商品に含まれているP社の利益は、150であった。

解答2－16

（持分法仕訳）－原則法－

売上高	60	/	関連会社株式	60

※　150×40％＝60

設例2-16は親会社が計上した利益が未実現であるため、親会社の売上高から消去し、相手科目は関連会社株式を利用します。

なお、簡便法で仕訳を行った場合には、以下のようになります。

(持分法仕訳) －簡便法－

| 持分法による投資利益 | 60 | / | 関連会社株式 | 60 |

※ 150×40%＝60

設例2-17 持分法の未実現損益消去仕訳①-2

以下の前提条件に基づき、持分法の未実現損益消去に関する仕訳を示しなさい。

(前提条件)
・P社はS社の発行済株式総数の80％を取得し連結子会社としている。
・P社はA社の発行済株式総数の40％を取得し持分法適用会社としている。
・当期のA社期末商品に含まれているS社の利益は、150であった。

解答2-17

(持分法仕訳) －原則法－

| 売上高 | 60 | / | 関連会社株式 | 60 |

※ 150×40%＝60

| 非支配株主持分 | 12 | / | 非支配株主損益 | 12 |

※ 60×20%＝12

設例2-17は子会社が持分法適用会社に商品を販売しているケースで

す。子会社が計上した利益が未実現であるため、子会社の売上高から消去し、相手科目は関連会社株式を利用します。

また、子会社には非支配株主が存在しています。よって、消去した未実現損益のうち、親会社以外の持分相当額を非支配株主持分に振り替える仕訳も必要となります。

なお、簡便法で仕訳を行った場合には、以下のようになります。

(持分法仕訳) －簡便法－

| 持分法による投資利益 | 60 | / | 関連会社株式 | 60 |

※ 150×40％＝60

| 非支配株主持分 | 12 | / | 非支配株主損益 | 12 |

※ 60×20％（親会社持分以外）＝12

② アップストリームの場合

アップストリームの場合は、連結会社の資産に含まれる持分法適用会社の利益が未実現利益となっています。持分法適用会社の個別財務諸表は合算していないため、持分法適用会社の利益から未実現利益を直接控除することはできません。

よって、連結会社の資産（商品、土地等）に含まれている未実現利益を消去するとともに、「持分法による投資利益」から消去します。

(持分法仕訳)

アップストリームの場合－原則法－

| 持分法による投資利益 | ×× | / | 商品 | ×× |

なお、利害関係者の判断を著しく誤らせない場合には、連結会社の資産ではなく投資勘定を利用することもできます。

(持分法仕訳)

アップストリームの場合－簡便法－

| 持分法による投資利益 | ×× | / | 関連会社株式 | ×× |

それでは、簡単な設例で確認しておきましょう。

設例2－18　持分法の未実現損益消去仕訳②

以下の前提条件に基づき、持分法の未実現損益消去に関する仕訳を示しなさい。

(前提条件)
・P社はA社の発行済株式総数の40％を取得し持分法適用会社としている。
・当期のP社期末商品に含まれているA社の利益は、150であった。

解答2－18

(持分法仕訳)－原則法－

| 持分法による投資利益 | 60 | / | 商品 | 60 |

※　150×40％＝60

設例2－18は持分法適用会社が計上した利益が未実現であるため、持分法による投資利益から消去し、相手科目は親会社の資産勘定（この設例では商品）を利用します。

なお、簡便法で仕訳を行った場合には、以下のようになります。

(持分法仕訳) －簡便法－

| 持分法による投資利益 | 60 | / | 関連会社株式 | 60 |

※ 150×40％＝60

（7）持分法の場合の税効果仕訳

持分法仕訳の場合も、連結と同様に連結手続上の税効果を認識する必要があります。

それでは簡単な設例で確認しておきましょう。

設例2-19 未実現損益消去仕訳に関する税効果①

設例2-16に以下の前提条件を追加し、持分法の未実現損益消去に関する仕訳とその税効果仕訳を示しなさい。

（前提条件）
・P社とA社の実効税率はともに30％であった。

解答2-19

（持分法仕訳） －原則法－
未実現利益の消去

| 売上高 | 60 | / | 関連会社株式 | 60 |

※ 150×40％＝60

未実現利益の消去に伴う税効果

| 繰延税金資産 | 18 | / | 法人税等調整額 | 18 |

※ 60×30％（P社の実効税率）＝18

設例2-19は親会社が計上した利益が未実現であるため、税効果は親会社

側で認識します。

よって、繰延税金資産（または負債）と法人税等調整額で仕訳を行います。それではアップストリームの場合も見てみましょう。

設例2−20　未実現損益消去仕訳に関する税効果②

設例2−18に以下の前提条件を追加し、持分法の未実現損益消去に関する仕訳とその税効果仕訳を示しなさい。

（前提条件）
・P社とA社の実効税率はともに30％であった。

解答2−20

（持分法仕訳）−原則法−
未実現利益の消去

| 持分法による投資利益 | 60 | / | 商品 | 60 |

※　150×40％＝60

未実現利益の消去に伴う税効果

| 関連会社株式 | 18 | / | 持分法による投資利益 | 18 |

※　60×30％（A社の実効税率）＝18

設例2−20は持分法適用会社が計上した利益が未実現であるため、税効果は持分法適用会社側で認識します。よって、持分法による投資利益（または損失）と投資勘定で仕訳を行います。

確 認 問 題

【問題1】

以下の前提条件に基づき、当期の持分法仕訳を示しなさい。

(前提条件)
- P社は当期首にA社の発行済株式総数の20％を60で取得し、持分法適用会社とした。
- 株式取得時(当期首)のA社の資本勘定は資本金100、利益剰余金50、その他有価証券評価差額金50であった。
- 当期末のA社の資本勘定は資本金100、利益剰余金80(うち、当期純利益30)、その他有価証券評価差額金70であった。
- のれんは当期から5年間で定額法により償却する。

【問題2】

以下の前提条件に基づき、当期の持分法仕訳を示しなさい。

(前提条件)
- P社はS社の発行済株式総数の80％を取得し連結子会社としている。
- P社はA社の発行済株式総数の40％を取得し持分法適用会社としている。
- 当期のA社期末商品に含まれているS社の利益は、150であった。
- S社の実効税率は30％であった。

解　答

【解答1】

(持分法仕訳)
　株式取得時の仕訳
　　―仕訳なし―
　　※　ただし、のれんは以下のように認識する。
　　　　60－(100＋50＋50)×20％＝20 (のれん)

当期純利益の認識

関連会社株式	6	持分法による投資利益	6

※　当期純利益30×20％＝6 (親会社持分)

その他有価証券評価差額金の認識

関連会社株式	4	その他有価証券評価差額金	4

※　その他有価証券評価差額金20(70－50)×20％＝4 (親会社持分)

のれんの償却

持分法による投資利益	4	関連会社株式	4

※　のれん20÷5年＝4 (親会社持分)

　持分法の場合、個別財務諸表は合算しないため、投資と資本の相殺消去の仕訳は行いません。よって、株式取得時は仕訳なしとなります。ただし、のれんが生じている場合には発生後20年以内で償却する必要があるため、のれんの金額の把握のみ行います。

　株式取得後に生じた被投資会社の資本および損益のうち、親会社に帰属する金額を投資勘定に加減算します。よって、当期純利益30のうちの親会社持分6とその他有価証券評価差額金の増加額20のうちの親会社持分4を投資勘定に加算するとともに、当期純利益のうちの親会社持分は「持分法による投資利益」として連結損益計算書に計上し、その他有価証券評価差額金のうちの親会社持分は連結包括利益計算書に計上します。

【解答2】

（持分法仕訳）
未実現利益の消去

売上高	60※1	/	関連会社株式	60※1
非支配株主持分	12※2	/	非支配株主損益	12※2

※1　150×40％＝60（持分相当額）
※2　60×20％（S社非支配株主持分）＝12

未実現利益の消去に伴う税効果

繰延税金資産	18※1	/	法人税等調整額	18※1
非支配株主損益	3.6※2	/	非支配株主持分	3.6※2

※1　60×30％（S社実効税率）＝18
※2　18×20％（S社非支配株主持分）＝3.6

今回の確認問題は、持分法適用関連会社（A社）と連結子会社（S社）間における未実現利益の消去の問題でした。

【問題2】の図解

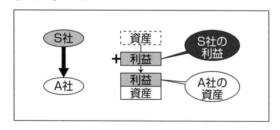

この問題は、S社からA社に商品を販売しているダウンストリームのケースですので、未実現利益150のうち、A社に対する持分相当額である60（150×40％）のみを消去します。

原則法で仕訳を行う場合、連結会社の売上高を消去するとともに、持分法適用会社に対する投資勘定から控除します。また、今回の問題では、売却元

であるS社には非支配株主が存在しているため、未実現利益消去額のうち、親会社の持分以外の金額12（60×20%）は非支配株主持分に按分します。

　未実現利益の消去に伴う税効果については、売却元であるS社で認識します。よって、S社の実効税率で計算した税効果金額18（60×30%）をS社の繰延税金資産に計上するとともに、法人税等調整額の貸方に計上します。税効果仕訳についても、非支配株主持分へ按分するための仕訳が必要となります。

8 在外子会社の連結

(1) 在外子会社の個別財務諸表の換算

　連結財務諸表は、個別財務諸表を合算した後、連結消去・修正仕訳を行って作成します。この時、外国通貨で作成されている在外子会社の個別財務諸表はそのままでは合算できませんから、まず円に換算する必要があります。

　では、どのようなルールで円に換算するのかを見てみましょう（【図表2-39】）。

【図表2-39】　在外子会社の個別財務諸表の換算ルール

項目	使用する為替相場
資産・負債	決算時の為替相場
株式取得時の資本	株式取得時の為替相場
株式取得後の資本	当該項目の発生時の為替相場（例えば、利益剰余金の場合は発生年度の期中平均相場）
収益および費用 （親会社との取引以外）	原則：期中平均相場 容認：決算時の為替相場
収益および費用 （親会社との取引）	親会社が換算に用いる為替相場

　【図表2-39】のとおり、外国通貨で作成された在外子会社の個別貸借対照表を換算する際、資産・負債は決算時の為替相場、資本項目は取得時または発生時の為替相場を利用して円に換算します。もともと外貨で貸借が一致しているものを異なるレートで換算するわけですから、そのままでは換算差額が生じます。この換算差額は「為替換算調整勘定」という純資産項目で調整し、円換算後の貸借を一致させます。

【図表2−40】　在外子会社の円換算後個別財務諸表のイメージ

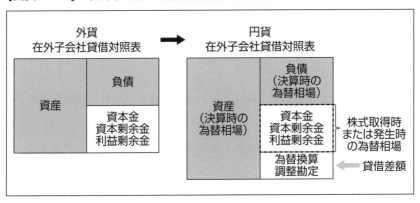

（2）在外子会社の資本連結

　在外子会社を連結する場合、支配獲得時の仕訳は、株式取得時の為替相場で換算された親会社の投資と子会社の資本を相殺消去します。

　また、支配獲得後剰余金および評価換算差額等は、非支配株主が存在する場合には、それぞれ非支配株主に按分する仕訳が必要となります。

　よって、当期純利益の按分と同様に「為替換算調整勘定」も持分比率に応じて非支配株主に按分する仕訳が必要となります。

（為替換算調整勘定の非支配株主持分への按分）

| 為替換算調整勘定 | ×× | / | 非支配株主持分 | ×× |

※　為替換算調整勘定が貸方に発生したケース

　それでは、簡単な数値例を用いて、在外子会社に関する連結消去・修正仕訳を確認していきましょう。

設例2−21　在外子会社の財務諸表の換算と資本連結

以下の前提条件に基づき、X1年度の円換算後のS社個別財務諸表および資本連結に関する仕訳を示しなさい。

（前提条件）
・親会社はX0年期末に40ドル（80%）出資してS社を設立し在外子会社とした。
・設立時のS社資本勘定は資本金50ドル、株式取得時の為替相場は1ドル100円であった。
・X1年度の子会社の貸借対照表、損益計算書は以下のとおりであった。
・X1年度の決算日の為替相場は1ドル110円、期中平均相場は1ドル105円であった。
・親会社、子会社間の損益取引は一切ないものとする。

X1年度　S社個別財務諸表（外貨）

S社個別貸借対照表　　　　　　　　　（ドル）

諸資産	210	諸負債	140
		資本金	50
		利益剰余金	20

S社個別損益計算書　　　　　　　　　（ドル）

諸費用	180	諸収益	200
当期純利益	20		

解答2-21

X1年度　S社個別財務諸表（円換算後）

S社個別貸借対照表　　　（円）

諸資産	23,100※1	諸負債	15,400※1
		資本金	5,000※2
		利益剰余金	2,100※4
		為替換算調整勘定	600※5

S社個別損益計算書　　　（円）

諸費用	18,900※3	諸収益	21,000※3
当期純利益	2,100		

※1　諸資産、諸負債……決算日の為替相場で換算
※2　資本金……株式取得時の為替相場で換算
※3　諸収益、諸費用……期中平均相場で換算
※4　利益剰余金……当年度は期首がないため当期純利益と同額
※5　為替換算調整勘定……貸借差額

X1年度　連結消去・修正仕訳
開始仕訳（支配獲得時の仕訳）

資本金	5,000※1	子会社株式	4,000※2
		非支配株主持分	1,000※3

※1　50ドル×100円／ドル＝5,000
※2　40ドル×100円／ドル＝4,000
※3　5,000×20％＝1,000

当期純利益の按分

非支配株主損益	420	非支配株主持分	420

※　2,100×20％＝420

為替換算調整勘定の按分

為替換算調整勘定	120	非支配株主持分	120

※　600×20％＝120

　なお、非支配株主持分の期末残高は1,540となり、S社期末資本勘定を決算日の為替相場で換算した金額の20％（70ドル×110円／ドル×20％＝1,540）となる。

（3）在外子会社に対するのれんの処理

投資と資本の相殺消去の際、在外子会社で発生した「のれん」は、支配獲得時に子会社の外国通貨で把握する必要があります。

また、のれん償却費は期中平均相場で換算し、のれんの期末残高については決算時の為替相場で換算します。生じた差額は為替換算調整勘定で調整します。

この流れを設例2－22で見ていきましょう。

設例2－22　在外子会社ののれんの処理

以下の前提条件に基づき、Ｘ１年度の資本連結に関する仕訳を示しなさい。

（前提条件）
- 親会社はＸ０年期末にＳ社の発行済株式総数の80％を60ドルで取得し、在外子会社とした。
- 株式取得時のＳ社資本勘定は資本金50ドル、利益剰余金は20ドルであった。
- 株式取得時の為替相場は１ドル100円であった。
- Ｘ１年度の子会社の貸借対照表、損益計算書は以下のとおりであった。
- Ｘ１年度の決算日の為替相場は１ドル110円、期中平均相場は１ドル105円であった。
- のれんは発生年度の翌年から４年間で均等償却を行う。
- 親会社子会社間の損益取引は一切ないものとする。

8. 在外子会社の連結　179

X1年度　S社個別財務諸表（外貨）

S社個別貸借対照表　　　　（ドル）

諸資産	220	諸負債	140
		資本金	50
		利益剰余金	30

S社個別損益計算書　　　　（ドル）

諸費用	190	諸収益	200
当期純利益	10		

X1年度　S社個別財務諸表（円換算後）

S社個別貸借対照表　　　　（円）

諸資産	24,200	諸負債	15,400
		資本金	5,000
		利益剰余金	3,050 ※1
		為替換算調整勘定	750 ※2

S社個別損益計算書　　　　（円）

諸費用	19,950	諸収益	21,000
当期純利益	1,050		

※1　（20ドル（取得時剰余金）×100円／ドル）＋（10ドル（取得後剰余金）×105円／ドル）＝3,050
※2　貸借差額

解答2-22

X1年度　連結消去・修正仕訳
① 開始仕訳（支配獲得時の仕訳）

資本金	5,000 ※1	子会社株式	6,000 ※3
利益剰余金期首残高	2,000 ※2	非支配株主持分	1,400 ※4
のれん	400 ※5		

※1　50ドル×100円／ドル＝5,000
※2　20ドル×100円／ドル＝2,000
※3　60ドル×100円／ドル＝6,000

※4　(5,000+2,000)×20%＝1,400
※5　60ドル−(50ドル+20ドル)×80%＝4ドル
　　　4ドル×100円／ドル＝400（または貸借差額）

② 当期純利益の按分

| 非支配株主損益 | 210 | ／ | 非支配株主持分 | 210 |

※　1,050×20%＝210

③ 為替換算調整勘定の按分

| 為替換算調整勘定 | 150 | ／ | 非支配株主持分 | 150 |

※　750×20%＝150

④ のれんの償却

| のれん償却 | 105 | ／ | のれん | 105 |

※　4ドル÷4年＝1ドル　1ドル×105円／ドル＝105（期中平均相場で換算）

⑤ のれん期末残高の換算

| のれん | 35 | ／ | 為替換算調整勘定 | 35 |

※　4ドル−1ドル＝3ドル　3ドル×110円／ドル＝330（決算日の為替相場で換算）
　　330−(400−105)＝35

なお、のれん期末残高で生じた為替換算調整勘定は子会社の科目ではなく、親会社で発生したのれんに関するものであるため、子会社の非支配株主には按分しない。

　期首ののれん残高（開始仕訳ののれん）は前期の決算時の為替相場（①の仕訳）、当期ののれん償却費は当期の期中平均相場（④の仕訳）、期末ののれん残高は当期の決算時の為替相場（⑤の仕訳）で換算し、最終的に生じた差額は「為替換算調整勘定」で調整します。

　なお、この「為替換算調整勘定」は在外子会社の個別財務諸表の換算で生じたものではなく、親会社で計上しているのれんの換算で生じたものですので、非支配株主持分への按分仕訳は不要です。

確 認 問 題

設例2-22 に以下の追加条件を追加し、X2年度の資本連結に関する仕訳を示しなさい。

（前提条件）
・X2年度の期中平均相場は1ドル115円、決算時の為替相場は120円であった。
・X2年度の在外子会社の財務諸表は以下のとおりであった。

S社個別貸借対照表 （ドル）

諸資産	250	諸負債	150
		資本金	50
		利益剰余金	50

S社個別損益計算書 （ドル）

諸費用	200	諸収益	220
当期純利益	20		

解　答

1. 在外子会社の円換算後個別財務諸表

S社個別貸借対照表 （円）

諸資産	30,000	諸負債	18,000
		資本金	5,000
		利益剰余金	5,350[※1]
		為替換算調整勘定	1,650[※2]

S社個別損益計算書 （円）

諸費用	23,000	諸収益	25,300
当期利益	2,300		

※1 3,050（前期末残高）+2,300（20ドル×115円／ドル）=5,350
※2 貸借差額

2. X2年度の資本連結
① 支配獲得時の仕訳（開始仕訳）

資本金	5,000	/	子会社株式	6,000
利益剰余金（期首）	2,000		非支配株主持分	1,400
のれん	400			

② 当期利益の按分
（開始仕訳）

利益剰余金（期首）	210	/	非支配株主持分	210

（当期仕訳）

非支配株主損益	460	/	非支配株主持分	460

※ 2,300×20%=460

③ 為替換算調整勘定の按分
（開始仕訳）

為替換算調整勘定（期首）	150	/	非支配株主持分	150

（当期仕訳）

為替換算調整勘定	180	/	非支配株主持分	180

※ (1,650−750)×20%=180

④ のれんの償却
（開始仕訳）

利益剰余金（期首）	105	/	のれん	105

（当期仕訳）

のれん償却	115	/	のれん	115

※ 4ドル÷4年=1ドル　1ドル×115円／ドル=115（期中平均相場で換算）

⑤ のれん期末残高の換算
（開始仕訳）

のれん	35	/	為替換算調整勘定（期首）	35

（当期仕訳）

のれん	25	/	為替換算調整勘定	25

※ 4ドル−2ドル=2ドル　2ドル×120円／ドル=240（決算日の為替相場で換算）
　240−(400−105−115+35)=25

第3章
総まとめ問題

1 総まとめ問題

それでは、今までの内容をすべて総合した総まとめ問題をやってみましょう！

以下の資料に基づき、当期（決算日はX1年3月31日）における連結精算表を作成しなさい。

（1） 連結の範囲および決算日

① P社は連結子会社S社、持分法適用会社A社を国内に有している。

【図表3-1】 連結の範囲

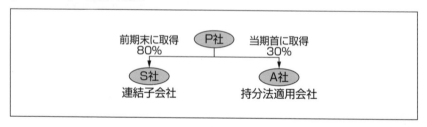

② P社、S社、A社の決算日は3月31日である。

（2） 国内子会社の概要

① P社はX0年3月31日に、S社の発行済株式総数の80％を370,000千円で一括取得し、連結子会社とした。
② 支配獲得時のS社純資産は、資本金100,000千円、資本剰余金100,000千円、利益剰余金230,000千円であった。

③ 支配獲得時において、子会社の保有する資産・負債のうち、土地（簿価150,000千円）の時価は100,000千円であり、評価替えを行った。S社の実効税率は30％であり、税効果控除後の金額で評価差額を認識した。
④ のれんについては発生年度の翌年から10年間で定額法により償却を行っている。

【図表3-2】 支配獲得時の投資と資本の状況

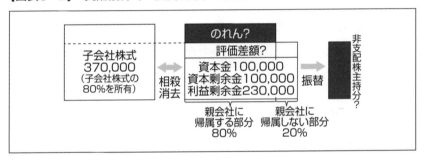

⑤ S社の当期純利益は20,000千円、その他有価証券評価差額金は2,000千円（借方）であった。
⑥ S社の当期の個別財務諸表は解答用紙に記載のとおりである。

(3) P社とS社間の取引高

① 当期末時点におけるP社の売掛金のうち、S社に対するものは40,000千円（S社のP社に対する買掛金40,000千円）であった。
② 当期のP社の売上高のうち、S社に対するものは200,000千円（S社のP社に対する仕入高200,000千円）であった。
③ 当期末時点におけるP社の短期貸付金のうち、S社に対するものは60,000千円（S社のP社に対する短期借入金60,000千円）であった。また、当該貸付金に対する利息のうち、期末日において未収となっている

金額が300千円あり、その他流動資産に含めて計上している（S社では300千円をその他流動負債に含めて計上している）。

④　当期のP社の受取利息のうち、S社に対するものは900千円（S社のP社に対する支払利息は900千円）であった。

⑤　当期のS社の支払配当金は10,000千円であり、P社は8,000千円の受取配当金を計上している（未収、未払は存在しなかった）。

（4）　貸倒引当金の調整に関する事項

①　P社は売掛金および短期貸付金の合計額のうち、1％を貸倒引当金として計上している。

【図表3－3】　内部取引の概要

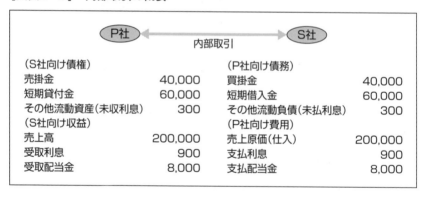

②　前期末の債権消去額は50,000千円であり、これに対する貸倒引当金500千円を前期の連結消去仕訳において調整を行っている。

（5）　たな卸資産に含まれる未実現利益に関する事項

①　当期末にS社が保有している商品のうち、P社から仕入れたものは80,000千円であった。

② P社からS社に商品を販売した際の利益率は25％として未実現利益を計算する。

③ 前期末のS社が保有している商品に含まれていた未実現利益は15,000千円であり、前期の連結消去仕訳で消去している。

【図表3－4】　当期未実現利益（商品）の概要

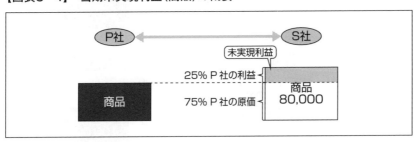

(6)　償却性資産に含まれる未実現利益に関する事項

① 当期首に、S社はP社へ建物（簿価100,000千円）を110,000千円で売却し、固定資産売却益10,000千円を計上している。

② P社はこの建物について、残存価額は取得原価の10％、耐用年数18年、定額法で減価償却を行っている。

③ 未実現損益消去およびそれに伴う減価償却費の調整額について、非支配株主持分への按分仕訳も行う。

【図表3-5】 当期未実現利益（建物）の概要

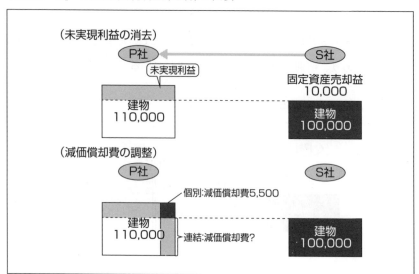

(7) 持分法適用会社の概要

① P社は当期首に、A社の発行済株式総数の30％を24,000千円で一括取得し、持分法適用会社とした。

② 株式取得時のA社純資産は、資本金30,000千円、資本剰余金30,000千円、利益剰余金20,000千円であった。また株式取得時において、A社の保有する資産・負債の時価と簿価は同額であった。

③ A社の当期純利益は10,000千円であり、それ以外の純資産の増減はなかった。

④ 当期末にA社が保有している商品のうち、P社から仕入れたものは25,000千円であった。

⑤ P社からA社に商品を販売した際の利益率は20％として未実現利益を計算する。なお、原則法（売上高と関連会社株式）で仕訳を行う。

【図表3-6】 当期未実現利益(持分法)の概要

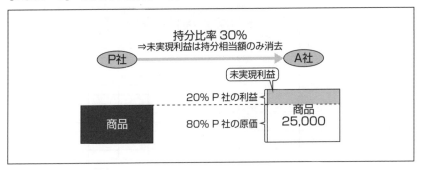

(8) 税効果会計に関する事項

① P社、S社ともに前期と当期の実効税率は30％であった。

② 税効果仕訳については、繰延税金資産を用いて仕訳を行う。

第3章 総まとめ問題

【解答用紙】 連結精算表

科目	P社	S社	単純合算	子会社資産負債の時価評価	投資と資本の消去	当期純利益の按分	その他有価証券評価差額金の振替	配当金の振替と配当金の相殺	のれん償却	債権債務の消去、損益取引の消去	債権債務の消去に伴う貸倒引当金の調整（開始仕訳＋実現仕訳）
現金及び預金	960,500	106,100	1,066,600								
売掛金	450,000	60,000	510,000								
商品	350,000	83,500	433,500								
短期貸付金	200,000	−	200,000								
その他流動資産	155,000	68,000	223,000								
貸倒引当金(短期)	(6,500)	(500)	(7,000)								
建物	600,000	350,000	950,000								
減価償却累計額	(250,000)	(192,500)	(442,500)								
土地	600,000	150,000	750,000								
のれん	−	−	−								
投資有価証券	130,000	15,000	145,000								
子会社株式	370,000	−	370,000								
関連会社株式	24,000	−	24,000								
繰延税金資産	53,500	13,000	66,500								
資産合計	3,636,500	652,600	4,289,100								
買掛金	(320,000)	(80,000)	(400,000)								
短期借入金	(300,000)	(60,000)	(360,000)								
未払法人税等	(78,500)	(9,600)	(88,100)								
その他流動負債	(200,000)	(65,000)	(265,000)								
長期借入金	(500,000)	−	(500,000)								
資本金	(800,000)	(100,000)	(900,000)								
資本剰余金	(800,000)	(100,000)	(900,000)								
利益剰余金	(657,000)	(240,000)	(897,000)								
その他有価証券評価差額金	19,000	2,000	21,000								
為替換算調整勘定	−	−	−								
評価差額	−	−	−								
非支配株主持分	−	−	−								
負債純資産合計	(3,636,500)	(652,600)	(4,289,100)								
売上高	(2,500,000)	(500,000)	(3,000,000)								
売上原価	1,000,000	270,000	1,270,000								
給与手当	850,000	138,400	988,400								
減価償却費	90,000	10,500	100,500								
貸倒引当金繰入	6,500	500	7,000								
のれん償却費	−	−	−								
その他販売費及び一般管理費	300,000	50,000	350,000								
受取利息	(16,000)	−	(16,000)								
受取配当金	(8,000)	−	(8,000)								
持分法による投資利益	−	−	−								
その他営業外収益	(3,700)	(1,300)	(5,000)								
支払利息	17,500	900	18,400								
固定資産売却益	−	(10,000)	(10,000)								
法人税、住民税及び事業税	60,000	15,000	75,000								
法人税等調整額	20,000	6,000	26,000								
非支配株主損益	−	−	−								
当期純利益(親会社株主利益)	(183,700)	(20,000)	(203,700)								
(資本剰余金)											
資本剰余金期首残高	(800,000)	(100,000)	(900,000)								
資本剰余金期末残高	(800,000)	(100,000)	(900,000)								
(利益剰余金)											
利益剰余金期首残高	(523,300)	(230,000)	(753,300)								
配当金	50,000	10,000	60,000								
当期純利益(親会社株主利益)	(183,700)	(20,000)	(203,700)								
利益剰余金期末残高	(657,000)	(240,000)	(897,000)								

※貸方金額はカッコを付けて記入すること

1. 総まとめ問題

債権債務の消去に伴う貸倒引当金の調整(当期仕訳)	たな卸未実現損益の消去(開始仕訳+実現仕訳)	たな卸未実現損益の消去(当期仕訳)	償却性資産未実現損益の消去(開始仕訳+実現仕訳)	税効果の調整(貸倒引当金調整)(開始仕訳+実現仕訳)	税効果の調整(貸倒引当金調整)(当期仕訳)	税効果の調整(たな卸未実現損益消去)(開始仕訳+実現仕訳)	税効果の調整(たな卸未実現損益消去)(当期仕訳)	税効果の調整(償却性資産未実現損益消去)(当期仕訳)	持分法の仕訳(当期純利益の認識)	持分法の仕訳(未実現損益の消去)	持分法の仕訳(未実現損益の消去に伴う税効果)	連結財務諸表

2 解　説

　文章が多いので、問題がちょっと読み取りづらかったかもしれませんね。連結精算表を記入する問題でしたが、仕訳が分からないと連結精算表の作成も行えません。よって、まずは、連結消去・修正仕訳を順番に確認していきましょう（すべて単位は千円）。

(1) 国内子会社の資本連結

① 子会社の資産・負債の時価評価

繰延税金資産	15,000※2	土地	50,000※1
評価差額	35,000※3		

※1　100,000－150,000＝△50,000
※2　50,000×30％＝15,000
※3　貸借差額

② 投資と資本の消去（開始仕訳）

資本金	100,000※1	子会社株式	370,000
資本剰余金期首残高	100,000※1	非支配株主持分	79,000※2
利益剰余金期首残高	230,000※1	評価差額	35,000※1
のれん	54,000※3		

※1　支配獲得時の子会社資本勘定
※2　(100,000＋100,000＋230,000－35,000)×20％＝79,000
※3　貸借差額

③ 当期純利益の按分

非支配株主損益	4,000	非支配株主持分	4,000

※　20,000×20％＝4,000

④ その他有価証券評価差額金の振替

非支配株主持分	400	/	その他有価証券評価差額金	400

※ 2,000×20％＝400

⑤ 配当金の振替と相殺

受取配当金	8,000	/	支払配当金	8,000

※ 10,000×80％＝8,000（親会社持分）

非支配株主持分	2,000	/	支払配当金	2,000

※ 10,000×20％＝2,000（非支配株主持分）

⑥ のれんの償却

のれん償却費	5,400	/	のれん	5,400

※ 54,000÷10年＝5,400

(2) 債権債務の消去、損益取引の消去

① 債権債務の消去

（売掛金と買掛金の相殺）

買掛金	40,000	/	売掛金	40,000

（短期貸付金と短期借入金の相殺）

短期借入金	60,000	/	短期貸付金	60,000

（未収利息と未払利息の相殺）

その他流動負債	300	/	その他流動資産	300

② 損益取引の消去

（売上高と売上原価の相殺）

売上高	200,000	/	売上原価	200,000

（受取利息と支払利息の相殺）

受取利息	900	/	支払利息	900

(3) 債権債務の消去に伴う貸倒引当金の調整

① 開始仕訳と実現仕訳

（開始仕訳）

| 貸倒引当金 | 500 | / | 利益剰余金期首残高 | 500 |

（実現仕訳）

| 貸倒引当金繰入 | 500 | / | 貸倒引当金 | 500 |

※ いったん、開始仕訳の貸倒引当金を貸倒引当金繰入に振り替える。

② 当期仕訳

| 貸倒引当金 | 1,000 | / | 貸倒引当金繰入 | 1,000 |

※ （40,000＋60,000）×1％＝1,000

(4) たな卸未実現損益の消去

① 開始仕訳と実現仕訳

（開始仕訳）

| 利益剰余金期首残高 | 15,000 | / | 商品 | 15,000 |

（実現仕訳）

| 商品 | 15,000 | / | 売上原価 | 15,000 |

※ いったん、開始仕訳の商品を実現したものとして売上原価に振り替える。

② 当期仕訳

| 売上原価 | 20,000 | / | 商品 | 20,000 |

※ 80,000×25％＝20,000

(5) 償却性資産未実現損益の消去

① 未実現損益の消去

| 固定資産売却益 | 10,000 | / | 建物 | 10,000 |

※ 110,000－100,000＝10,000

| 非支配株主持分 | 2,000 | / | 非支配株主損益 | 2,000 |

※ 10,000×20％＝2,000（アップストリームなので、未実現利益のうち20％を非支配株主持分に振り替える）

② 減価償却費の調整

| 減価償却累計額 | 500 | / | 減価償却費 | 500 |

※ 10,000×0.9÷18年＝500

| 非支配株主損益 | 100 | / | 非支配株主持分 | 100 |

※ 500×20％＝100

(6) 税効果仕訳（貸倒引当金の調整）

① 開始仕訳と実現仕訳

（開始仕訳）

| 利益剰余金期首残高 | 150 | / | 繰延税金資産 | 150 |

※ 500（開始仕訳）×30％＝150

（実現仕訳）

| 繰延税金資産 | 150 | / | 法人税等調整額 | 150 |

② 当期仕訳

| 法人税等調整額 | 300 | / | 繰延税金資産 | 300 |

※ 1,000（当期仕訳）×30％＝300

(7) 税効果仕訳（たな卸未実現損益消去）

① 開始仕訳と実現仕訳

（開始仕訳）

| 繰延税金資産 | 4,500 | / | 利益剰余金期首残高 | 4,500 |

※ 15,000（開始仕訳）×30％＝4,500

（実現仕訳）

| 法人税等調整額 | 4,500 | / | 繰延税金資産 | 4,500 |

② 当期仕訳

| 繰延税金資産 | 6,000 | / | 法人税等調整額 | 6,000 |

※ 20,000（当期仕訳）×30％＝6,000

(8) 税効果仕訳（償却性資産未実現損益消去）

① 未実現損益消去に伴う税効果

| 繰延税金資産 | 3,000 | / | 法人税等調整額 | 3,000 |

※ 10,000×30％＝3,000

| 非支配株主損益 | 600 | / | 非支配株主持分 | 600 |

※ 3,000×20％＝600

② 減価償却費の調整に伴う税効果

| 法人税等調整額 | 150 | / | 繰延税金資産 | 150 |

※ 500×30％＝150

| 非支配株主持分 | 30 | / | 非支配株主損益 | 30 |

※ 150×20％＝30

(9) 持分法仕訳

① 当期純利益の認識

関連会社株式	3,000	/	持分法による投資利益	3,000

※ 10,000×30%＝3,000

② 未実現損益の消去

売上高	1,500	/	関連会社株式	1,500

※ 25,000×20%×30%（P社持分比率）＝1,500

③ 未実現損益の消去に伴う税効果

繰延税金資産	450	/	法人税等調整額	450

※ 1,500×30%＝450

　問題文に沿ってひとつずつ確認していくことで、どのような連結消去・修正仕訳が必要になるかは整理できたのではないでしょうか。

　もし、連結消去・修正仕訳が思いつかなかったり間違ってしまったりした場合は、再度、第1章、第2章の該当部分に戻って確認して下さい。

　連結消去・修正仕訳を整理した後は、正しく連結精算表に記入していきましょう。

【解答】 連結精算表

科目	P社	S社	単純合算	子会社資産負債の時価評価	投資と資本の消去	当期純利益の按分	その他有価証券評価差額金の振替	配当金の振替と配当金の相殺	のれん償却	債権債務の消去、取引の消去	債権債務の消去に伴う貸倒引当金の調整(開始仕訳+実現仕訳)
現金及び預金	960,500	106,100	1,066,600								
売掛金	450,000	60,000	510,000							(40,000)	
商品	350,000	83,500	433,500								
短期貸付金	200,000	—	200,000							(60,000)	
その他流動資産	155,000	68,000	223,000							(300)	
貸倒引当金(短期)	(6,500)	(500)	(7,000)								
建物	600,000	350,000	950,000								
減価償却累計額	(250,000)	(192,500)	(442,500)								
土地	600,000	150,000	750,000	(50,000)							
のれん	—	—	—		54,000				(5,400)		
投資有価証券	130,000	15,000	145,000								
子会社株式	370,000	—	370,000		(370,000)						
関連会社株式	24,000	—	24,000								
繰延税金資産	53,500	13,000	66,500	15,000							
資産合計	3,636,500	652,600	4,289,100	(35,000)	(316,000)	—	—	—	(5,400)	(100,300)	—
買掛金	(320,000)	(80,000)	(400,000)								
短期借入金	(300,000)	(60,000)	(360,000)							40,000	
未払法人税等	(78,500)	(9,600)	(88,100)							60,000	
その他流動負債	(200,000)	(65,000)	(265,000)							300	
長期借入金	(500,000)	—	(500,000)								
資本金	(800,000)	(100,000)	(900,000)		100,000						
資本剰余金	(800,000)	(100,000)	(900,000)		100,000						
利益剰余金	(657,000)	(240,000)	(897,000)	—	230,000	4,000	—	(2,000)	5,400		
その他有価証券評価差額金	19,000	2,000	21,000				(400)				
為替換算調整勘定	—		—								
評価差額			—	35,000	(35,000)						
非支配株主持分			—		(79,000)	(4,000)	400	2,000			
負債純資産合計	(3,636,500)	(652,600)	(4,289,100)	35,000	316,000	—	—	—	5,400	100,300	—
売上高	(2,500,000)	(500,000)	(3,000,000)							200,000	
売上原価	1,000,000	270,000	1,270,000							(200,000)	
給与手当	850,000	138,400	988,400								
減価償却費	90,000	10,500	100,500								
貸倒引当金繰入	6,500	500	7,000								500
のれん償却費	—	—	—						5,400		
その他販売費及び一般管理費	300,000	50,000	350,000								
受取利息	(16,000)	—	(16,000)							900	
受取配当金	(8,000)	—	(8,000)						8,000		
持分法による投資利益			—								
その他営業外収益	(3,700)	(1,300)	(5,000)								
支払利息	17,500	900	18,400							(900)	
固定資産売却益	—	(10,000)	(10,000)								
法人税、住民税及び事業税	60,000	15,000	75,000								
法人税等調整額	20,000	6,000	26,000								
非支配株主損益			—			4,000					
当期純利益(親会社株主利益)	(183,700)	(20,000)	(203,700)	—	—	4,000	—	8,000	5,400		500
(資本剰余金)											
資本剰余金期首残高	(800,000)	(100,000)	(900,000)		100,000						
資本剰余金期末残高	(800,000)	(100,000)	(900,000)		100,000						
(利益剰余金)											
利益剰余金期首残高	(523,300)	(230,000)	(753,300)		230,000						(500)
配当金	50,000	10,000	60,000					(10,000)			
当期純利益(親会社株主利益)	(183,700)	(20,000)	(203,700)	—	—	4,000	—	8,000	5,400		500
利益剰余金期末残高	(657,000)	(240,000)	(897,000)	—	230,000	4,000	—	(2,000)	5,400		

※貸方金額はカッコを付けて記入すること

2. 解　説

債権債務の消去に伴う貸倒引当金の調整（当期仕訳）	たな卸未実現損益の消去（開始仕訳＋実現仕訳）	たな卸未実現損益の消去（当期仕訳）	償却性資産未実現損益の消去（当期仕訳）	税効果の調整（貸倒引当金調整）（当期仕訳）	税効果の調整（貸倒引当金調整）（開始仕訳＋実現仕訳）	税効果の調整（たな卸未実現損益消去）（開始仕訳）	税効果の調整（たな卸未実現損益消去）（当期仕訳）	税効果の調整（償却性資産未実現損益消去）（当期仕訳）	持分法の仕訳（当期純利益の認識）	持分法の仕訳（未実現損益の消去）	持分法の仕訳（未実現損益の消去に伴う税効果）	連結財務諸表
												1,066,600
												470,000
		(20,000)										413,500
												140,000
												222,700
												(6,000)
1,000												940,000
			(10,000)									(442,000)
			500									700,000
												48,600
												145,000
												—
								3,000	(1,500)			25,500
				(300)		6,000	2,850			450		90,550
1,000	—	(20,000)	(9,500)	—	(300)	—	6,000	2,850	3,000	(1,500)	450	3,814,400
												(360,000)
												(300,000)
												(88,100)
												(264,700)
												(500,000)
												(800,000)
												(800,000)
(1,000)	—	20,000	7,600	—	300	—	(6,000)	(2,280)	(3,000)	1,500	(450)	(642,930)
												20,600
												—
			1,900					(570)				(79,270)
(1,000)	—	20,000	9,500	—	300	—	(6,000)	(2,850)	(3,000)	1,500	(450)	(3,814,400)
										1,500		(2,798,500)
	(15,000)	20,000										1,075,000
												988,400
			(500)									100,000
(1,000)												6,500
												5,400
												350,000
												(15,100)
									(3,000)			(3,000)
												(5,000)
												17,500
												—
			10,000									75,000
				(150)	300	4,500	(6,000)	(2,850)			(450)	21,350
								570				2,670
(1,000)	(15,000)	20,000	7,600	(150)	300	4,500	(6,000)	(2,850)	(3,000)	1,500	(450)	(179,780)
												(800,000)
												(800,000)
	15,000			150		(4,500)						(513,150)
												50,000
(1,000)	(15,000)	20,000	7,600	(150)	300	4,500	(6,000)	(2,280)	(3,000)	1,500	(450)	(179,780)
(1,000)	—	20,000	7,600	—	300	—	(6,000)	(2,280)	(3,000)	1,500	(450)	(642,930)

【著書紹介】

飯塚　幸子（いいづか　さちこ）

公認会計士
株式会社ラウレア　代表取締役

　立教大学理学部卒業後、大手化学メーカーに就職するも、一念発起して公認会計士を目指し1年で退社。公認会計士試験2次試験合格後、大手監査法人にて監査に従事する傍ら、大原簿記学校会計士課簿記講師として勤務。

　2000年に連結会計システム「DivaSystem」の製造元である株式会社ディーバ（現株式会社アバント）に入社、初期メンバーとして活躍。延べ300社以上の上場会社の連結決算システム導入に従事する。

　2012年に現在代表を務める株式会社ラウレア（http://laulea.co.jp）を設立。連結決算業務請負や改善、会計人材の派遣・紹介を行っている。

（主な著書）
「図解&設例　連結会計の基本と実務がわかる本」（中央経済社）
「図解&設例　連結決算の業務マニュアル」（中央経済社）
「図解&設例　連結管理会計の導入マニュアル」（中央経済社）

本書の内容に関するご質問は、ファクシミリ等、文書で編集部宛にお願いいたします。(fax 03-6777-3483)
なお、個別のご相談は受け付けておりません。

本書刊行後に追加・修正事項がある場合は、随時、当社のホームページ（https://www.zeiken.co.jp）にてお知らせいたします。

〈第2版〉初めて学ぶ　連結会計の基礎

平成27年3月25日　初版第一刷発行　　　　　　　　（著者承認検印省略）
令和元年5月31日　第2版第一刷発行

　　　　　Ⓒ　著　者　　飯　塚　幸　子
　　　　　　　発行所　　税 務 研 究 会 出 版 局
　　　　　　　代表者　　山　根　　　毅

　　　　　　郵便番号 100-0005
　　　　　　東京都千代田区丸の内 1-8-2 鉄鋼ビルディング
　　　　　　振替 00160-3-76223
　　　　　　電話〔書　籍　編　集〕03（6777）3463
　　　　　　　　〔書　店　専　用〕03（6777）3466
　　　　　　　　〔書　籍　注　文〕
　　　　　　　　〈お客さまサービスセンター〉03（6777）3450

各事業所　電話番号一覧

北海道 011（221）8348	神奈川 045（263）2822	中　国 082（243）3720
東　北 022（222）3858	中　部 052（261）0381	九　州 092（721）0644
関　信 048（647）5544	関　西 06（6943）2251	

＜税研ホームページ＞　https://www.zeiken.co.jp

乱丁・落丁の場合は、お取替え致します。　　　印刷・製本　東日本印刷株式会社

ISBN 978-4-7931-2455-6

企業会計・その他

《2018年10月1日現在》

〔第4版〕
2017 OECDモデル租税条約コメンタリー逐条解説

川田 剛・徳永 匡子 共著／A5判／992頁

定価 5,616円

2017年11月21日版までの最新のOECDモデル租税条約及びそのコメンタリーについて詳説。第4版では、2017年改正による、BEPSプロジェクトの検討結果を反映した改正を織り込み大幅に改訂。実務家や研究者など国際課税に携わる方必携の書。

2018年8月刊

税理士が知っておきたい
民法＜相続編＞改正Q&A

上西 左大信 著／A5判／228頁

定価 2,160円

約40年ぶりに大幅な見直しが行われた民法相続編について、改正の背景と併せて、改正の概要と実務への影響をQ&A形式でわかりやすく解説。財産相続承継スキームにも大きな影響のある改正内容であり、相続実務に携わる方におすすめの一冊。

2018年10月刊

債権法改正と税務実務への影響

木山 泰嗣 監修・西中間 浩 著／A5判／260頁

定価 2,160円

約120年ぶりの本格的な改正となる、債権分野にかかる民法(平成29年6月公布、2020年頃施行見込み)について、民法改正が税務実務に与える影響に特化して考察。初めて民法の条文に触れる方でも理解しやすいよう、条文を提示しながらできうるかぎり具体的かつ丁寧に解説しています。

2018年1月刊

〔第5版〕
キーワードでわかるリースの法律・会計・税務

井上 雅彦 著／A5判／610頁

定価 3,672円

リースに関する「法律」「会計」「税務」の主要な論点や最新の動向を網羅し、体系的に解説しています。本版では、最新のIFRS、会計基準及び平成28年度税制改正までを織り込み、企業の財務・経理担当者、リース取引の実務に携わる方々に最適の一冊となっています。

2017年2月刊

税務研究会出版局　https://www.zeiken.co.jp

定価は8％の消費税込みの表示となっております。